誰もが
セルフリーダーシップを
発揮し、
自分らしい物語を
紡げる学校

ALL ABOUT KYORITSU2

- ■ 母体の共立女子学園は
  137 年の歴史を持つ女子教育の伝統校
- ■ 抜群の自然環境と学習環境
  大学レベルの施設も持つ広大なキャンパス
- ■ 一人ひとりの希望進路に応じた高校４コース制
  2024 年度に高校全学年導入完了
  ▶ 特別進学コース・総合進学コース・
  共立進学コース・英語コース
- ■ 英語は４技能統合型授業を導入
  研修プログラムも中高通じて豊富
- ■ 現役進学率約 99%
  大学付属校ならではの挑戦と安心の進学制度
- ■ 入試成績により入学金や授業料等相当額を
  給付する充実の奨学金制度

EVENTS

11/18 (土) 入試問題研究会(国・算)
12/ 2 (土) 適性検査型入試体験(小6対象
12/17 (日) 国算2科型入試体験(小6対象)
1/ 6 (土) 入試説明会
1/13 (土) 理科体験授業(小5以下対象)
3/23 (土) 学校説明会(新小6以下対象)

※ 説明会等の詳細、ご予約方法などは
ホームページをご覧ください。

共立女子第二中学校

TOP

JR中央線・横浜線・八高線「八王子駅」
スクールバス約20分
JR中央線・京王線「高尾駅」から
徒歩とスクールバス約15分

〒193-8666 東京都八王子市元八王子町 1-710 TEL.042-661-9952

共立女子第二 検索

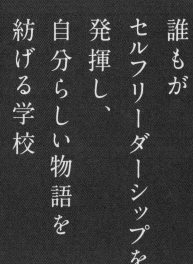

早稲田アカデミー 中学受験を決めたその日から

サクセス12

今月号の表紙
写真◉アフロ

CONTENTS

ごみ処理を展示!?

ごみ工場への見方が変わる

広島市環境局中工場

エコリアム

私たちが毎日、何気なく捨てているごみ。どちらかといえば、「見たくないもの」「隠したいもの」というイメージが強いのではないでしょうか。
今回は、ごみ処理に対する意識を高め、環境問題を考えるきっかけになってほしいと、あえて"見せる"にこだわったごみ工場『広島市環境局中工場』について、広島市環境局の惣本清隆《そうもときよたか》さんに教えてもらいました。

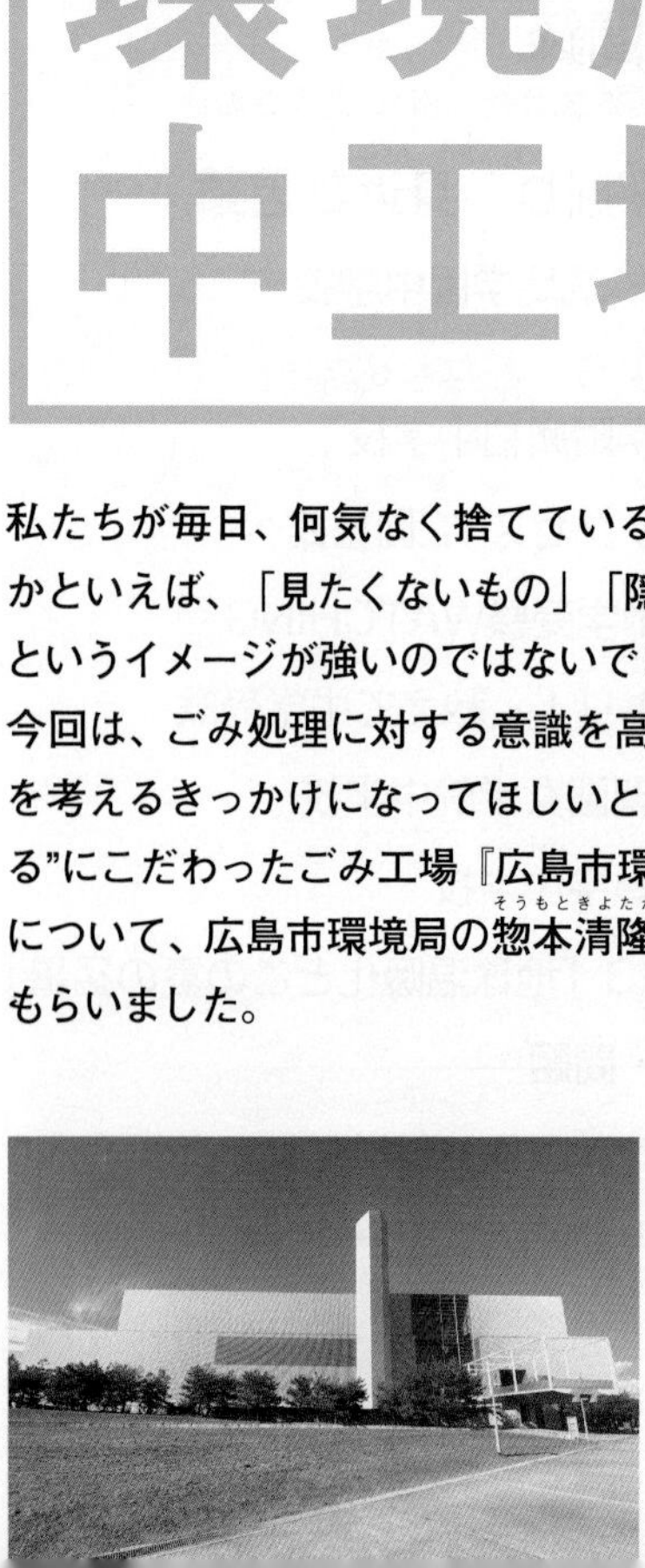

■概要
敷地面積：
約50,245平方メートル
焼却設備：
全連続燃焼式ごみ焼却炉

『広島市環境局中工場』とは……

『広島市環境局中工場（以下広島市中工場）』は、広島市が2045年に向けて、優れたデザインの社会資本を整備しようとする【ひろしま2045：平和と創造のまち】の事業の一環として建てられたごみ工場です。建築家の谷口吉生《よしお》さんの設計により、2004年2月、平和記念公園から瀬戸内海へと続く道の南端にある埋め立て地に建てられました。

約119万人が住む広島市内から出るあらゆるごみの総量は、1日あたり約1000トンです。

〝可燃ごみ〟を焼却する工場は広島市内に3つあり、そのうち〝可燃ごみ〟と家庭から発生する〝その他プラ（容器包装・ペットボトル以外のプラスチック）〟を一緒に焼却しているのは『広島市中工場』だけです。『広島市中工場』では、200トンのごみを燃やせる焼却炉が3基あり、1日最大600トンものごみを焼却しています。

『広島市中工場』を大解剖!

見学ルート、ココをチェック!

『広島市中工場』は、“美しすぎる外観”だけでなく、公害防止対策や周辺地域との調和も大切にしているため、ごみ処理技術に関しては、建設当時、最新のものを導入しました。さらに、それらの設備の一部を見学コースに組み込んでいます。これも“見せる”にこだわった『広島市中工場』の特徴のひとつです。

投入ステージ

ごみ収集車が集めたごみは［投入ステージ］から［ごみピット］へ。ごみ収集車が近づくと自動で開く二重構造の投入扉が８か所、普通のトラックからごみが降ろせるダンピングボックスが２か所あります。

ごみピット

［投入ステージ］から降ろされるごみを溜めておく場所。大きさは、幅44メートル、奥行き16メートル、深さ15メートルで4階建てのビルの高さに相当。約1週間分のごみ（最大で4,200トン）を溜めることが可能です。

ごみクレーンとごみクレーン操作室

クレーンの操作は人とコンピューターで行っています。クレーンの先端に設置された一度に約9トンのごみがつかめるバケットで［ごみピット］のごみをかくはんし、［焼却炉］の投入口まで運びます。

焼却炉

（写真は焼却炉の投入口）

［ごみピット］に隣接する形で3基の［焼却炉］を設置。投入されたごみは、850°C以上の高温で、およそ4時間をかけて燃やします。その熱で作られた蒸気は、発電や工場内の冷暖房に利用されています。

排ガス処理設備

［焼却炉］でごみを燃やす際に発生する排ガスに含まれる有害な物質（ちりやダイオキシン類、硫黄酸化物、塩化水素、窒素酸化物など）を取り除く設備。きれいな排ガスにしたのちに大気中へ放出します。

中央制御室

正面の大型モニターなどを使い、［焼却炉］をはじめ、工場内にあるさまざまな機械の運転やその監視を行う場所。普段はコンピューターで自動運転、必要に応じて手動運転に切り替えることも可能。

広島市環境局中工場を見学してみよう！

- 建築デザインの見学（事前予約不要）　見学内容：工場周辺の緑地帯からの建物外観の見学や2階［エコリアム（中央ガラス通路）］の見学
- ごみ処理に関する見学（事前予約必要）　見学内容：ごみ処理に関する説明及び建物内の見学

※詳細については広島市の公式ホームページ　https://www.city.hiroshima.lg.jp/soshiki/93/13325.html を参照

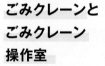

ごみ処理を〝見せる〟ことで環境問題に関心を！

——『広島市環境局中工場』が計画されたきっかけは？

　現在、『広島市環境局中工場（以下 広島市中工場）』のある吉島地区には、以前、1日400トンのごみを焼却するごみ工場（旧中工場）がありました。その旧中工場の老朽化がきっかけです。

　「老朽化による建て替え」と一言でいっても、実際のところそう簡単ではありません。というのも、毎日、広島市民から排出されるごみの量を考えると、工場をストップさせて建て替えるのは不可能なこと。また、別の土地に新設しようとしても、その準備には時間がかかります。そこで、旧中工場の南側の海面を埋め立て、新しく『広島市中工場』を建てることになりました。

平和記念公園（写真奥）から『広島市中工場』へと続く軸線

　次に、建物の設計についての検討が始まった際、担当者たちが着目したのが、広島市が取り組む【ひろしま2045：平和と創造のまち】でした。これは、1995年、被爆50周年に合わせて開始した「2045年の広島にむけて優れたデザインを残そう」とする事業で、対象プロジェクトになればデザイン力に優れた設計者を選定、起用することが可能になるというもの。幸いにも『広島市中工場』は、小学校や高校、公園、消防署などとともに対象プロジェクトに選ばれ、〝2045年に残すべき新しいごみ工場〟〝市民に親しまれ環境問題への理解を深めてもらえるごみ工場〟を目指すことになったのです。なお、建築家の谷口吉生《よしお》先生にお願いしたのは、水辺の空間を生かした設計が得意な先生であれば、私たちの望みを最大限かなえてくださると考えたからです。

——なぜ、谷口先生は〝美しすぎる外観〟や〝見せる〟を重視されたのでしょうか？

　谷口先生は、広島市からの依頼を受けられたのち、国内外のさまざまなごみ工場を視察され、いずれのごみ工場も〝隠す〟ためのデザインがなされていることに気付かれたとか。「生活に必要な施設を隠す必要はない。最新型の巨大な機械を〝見せる〟ことで現代彫刻にしてしまおう」と考えられたと聞いています。

　また、谷口先生の師匠である丹《たん》下健三《げんぞう》先生は、平和記念資料館などを含む平和記念公園を設計された方です。丹下先生は平和記念公園をつくる際、地図上に原爆ドームを起点とする軸線（設計上の中心となる線）を海まで引き、その軸線上に平和記念資料館を設計されました。谷口先生は、丹下先生の軸線を自分の建物で断ち切ることはできないと、平和記念公園から吉島通りを真っすぐ南に下るその軸線を守るために『広島市中工場』内にガラスのトンネルをつくることにしたのです。それが建物2階の［エコリアム］です。

軸線は［エコリアム※］を通り瀬戸内海へ
※エコリアム：エコロジー＋アトリウム（広場）

　ちなみに、［エコリアム］は、軸線としての役割はもちろんのこと、ガラス越しに実際に稼働している［排ガス処理設備］を見せる役割も担っています。さらに、［エコリアム］では、タッチパネルで『広島市中工場』の稼働情報や集計データ、焼却施設に関する詳しい情報を提供したり、3台ある60インチの大画面で地球環境に関する映像を放映したりしています。海側には広島市で実際に使用していたごみ収集車をカットした実車も展示しているんですよ。

——完成してからの住民の方々や世の中の反応はいかがですか？

　［エコリアム］や緑地帯［エコアシス］を設けたことで、住民の方々には非常に親しみを感じてもらえているようです。毎日のように散歩される方もいれば、［エコアシス］から海に向かって釣り糸を垂れたり、芝生の上でボール遊びをしたり、お弁当を食べたりする家族連れの方々もおられます。また、映画やテレビ、雑誌などでの撮影や、結婚式の前撮りでご使用いただくこともあります。『広島市中工場』が、単なる〝ごみ工場〟ではなく、〝自然とふれあえる心地の良い場所〟として、多くの方々に受け入れられているのだと思います。

　さらに、ごみ処理の見学を予約される方も多く、2022年度には1万人以上の方々が見学に来られました。そのうち約7000人が広島市内の小学校4年生の社会見学で、その他の約3000

人は一般の方々で、全国各地、ときには外国人の方も来られます。なお、外観については、［エコアシス］からいつでも見ることができ、［エコリアム］は年末年始を除けば9時から16時30分まで自由に見学できます。予約せずに訪れる方を含めると、その数はかなりの人数になるかもしれませんね。

――『広島市中工場』で働くうえで、どのようなことに注意されていますか？

『広島市中工場』には、私たちのような広報活動などを含めた事務業務を行う職員が11人、年末年始を除いた毎日24時間体制でごみの受け入れや計量を担当する職員が16人、そして、収集車の誘導監視や工場の運転管理を担当する職員が26人、合計53人が日勤と夜勤の2交代制で働いています。

〝ごみ焼却〟は、いうまでもありませんが、「市民生活に直結する仕事」です。もしも何らかの故障やトラブルが起きてしまい、ごみの焼却ができなくなれば、広島市内にごみが溢れてしまうかもしれません。絶対にそのようなことが起きないよう、一つひとつの仕事に責任感、緊張感を持ち、業務にあたる――。これがすべてだと考えています。

実際に使われていたごみ収集車のオブジェ

――ごみ処理を〝見せる〟ことで、環境に対する意識が変わったと思いますか？

私たちが見学に来られる方々を広く受け入れているのは、「ごみ処理を見ることで、少しでも環境について考えてほしい」と願ってのことです。

そんな私たちの気持ちが通じるのか、見学を終えた小学校4年生の子どもたちから、後日、「ごみがどのように処理されるのかを知り、ごみを減らすことや分別、リサイクルなどが大切であることがわかった」「今度から気をつけてごみを分別します」などの手紙をいただくことがあります。そのときは、ごみ処理を〝見せる〟ことの意義を心から実感しますね。また、ときには引率で来られた先生から、「私も小学生のときに学校の社会見学で来ました」と声を掛けていただくことも。そんなときも「『広島市中工場』が20年近く地域とともに歩んできた証だ」とうれしくなります。

――子どもたちへ将来に向けてのメッセージをよろしくお願いいたします

最近、「SDGs」という言葉をよく耳にすると思います。「SDGs」とは「持続可能な開発目標」のことで、2015年9月に開催された国連サミットで、国連加盟国193ヶ国の全会一致で採択された17つの目標を指します。ごみ処理については明確な目標としては掲げられていませんが、キーワードとして「ごみ」「廃棄物」が含まれていたり、間接的に関連したりする目標も多く、「SDGs」の目標達成とごみ問題には深い関係があると考えています。

建物の海側に広がる［エコアシス※］
撮影：北嶋俊治
※エコアシス：エコロジー＋オアシス

とはいっても、これまでごみ問題やごみの分別に関心が持てなかった人に、「ごみは分別しましょう」「ごみを減らしましょう」と訴えても何の効果もありません。しかし、私たちが生活する限りごみは必ず出るものです。「どうすればごみを減らし、快適に暮らすことができるのか」。これを考え、行動することは「SDGs」の目標達成以前の問題なのではないでしょうか。

人々の意識はそう簡単には変わらないかもしれません。でも、「継続は力なり」ともいいます。皆さんの勉強も同じで、すぐには結果がでなくても、諦めずに地道に努力すれば、いつかは結果が伴うはずです。これからも『広島市中工場』を通じて、少しでもごみ処理に興味関心を持ってもらえるよう、そして、〝自分自身の問題〟として捉えてもらえるよう、努力を積み重ねたいと考えています。

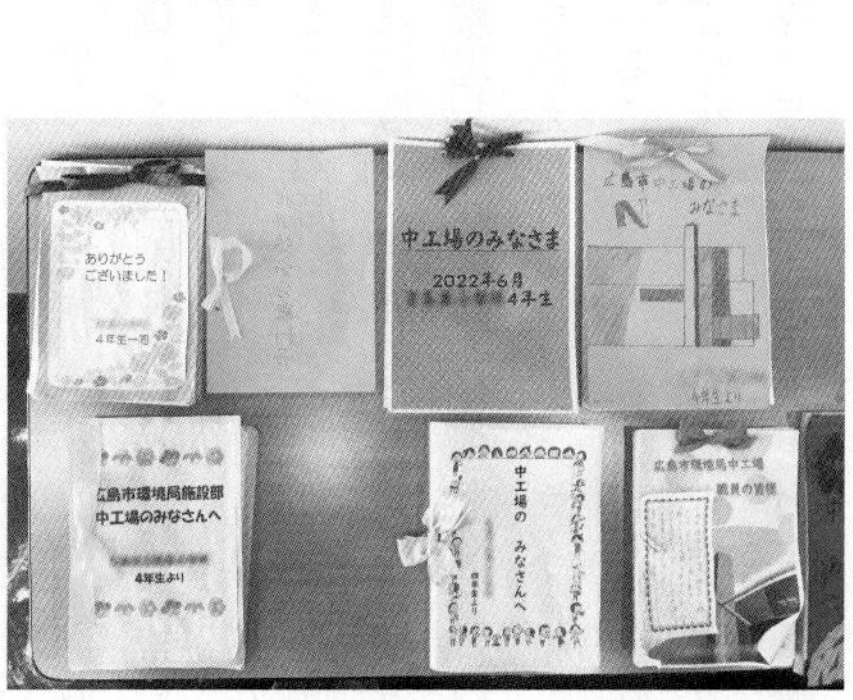

小学生たちからのお礼の手紙

惣本 清隆さん

広島市環境局 施設部
中工場 次長

1992年4月、広島市環境局に入局、安佐《あさ》北工場に配属。その後、都市整備公社、設備課電気係、企画・総務課庁舎管理係、設備課電気保全係、都市整備局営繕部設備課電気係、環境局施設部安佐南工場第一管理係、地方独立行政法人広島市立病院機構広島市民病院事務室などにおいて電気設備の整備・管理などの業務に従事する。2020年4月、環境局施設部中工場に着任、現在に至る。

惣本さんにとって
『広島市環境局中工場』
とは

地球の未来と
環境をつなげる
惣本 清隆

Premium School

駒場東邦中学校《こまばとうほう》

◆東京都　◆世田谷区　◆男子校

科学的精神と自主独立の気概を持ち将来に向けて自らの足で歩んでいく

駒場東邦中学校は、「中高生にとっての学びはすべて探究である」との思いから、本物に触れ、生徒が自らの頭で考える姿勢を重視しています。それを裏づけるように生徒の感受性を刺激する場が数多く用意されています。

「若者が夢を持てるように」創立者の願いを受け継ぐ

1957年、東邦大学の理事長であった額田豊《ぬかだゆたか》博士によって創立された駒場東邦中学校（以下、駒場東邦）。当時は戦後の混乱期をようやく脱しようとしていた時代です。そのなかで額田は「若者が夢を持てるように」との思いから同校を作りました。同じ思いを抱いていたのが、東京都立日比谷高等学校の校長を務めていた菊地龍道《きくちりゅうどう》です。菊地は駒場東邦の初代校長となり、現在まで続く教育の基礎を築きました。

そのキーワードとなったのが「科学的精神」と「自主独立の気概」です。欧米の技術を真似るのではなく、生徒それぞれがしっかりとした科学的な知識や技術を持つことを重視し、それによって将来の夢を描いてほしいと願ったのです。そのため、同校ではいまも理系教育に力を注いでいます。

そして当時から続くもう1つの大きな特徴は、中高の学びの重複部分を整理し、5年間で無理なく学習内容を終えられるカリキュラムを組んでいることです。これは詰め込み教育を意味するのではありません。カリキュラムを工夫することで、基礎

実験室

食堂

体育館

室内温水プール

図書室

講堂

9つの実験室をはじめ、広々とした体育館や通年で使用できる室内温水プールなどの施設がそろっています。恵まれた教育環境のなか、生徒は伸びのびと学校生活を送っています。

KomabaToho

を定着させつつ確かな応用力を育て、大学受験に必要な学力も自然と養うことができるということです。

そして、その確かな力が、1人の人間として自らの足で歩んでいく自信となり、自主独立の気概へとつながっていくと考えられています。

額田、菊地両氏が抱いていた思いは、いま駒場東邦で教鞭をとる教員たちのなかにも、変わることなく息づいています。

重視されているのは自分の頭で考える姿勢

理系教育に力を入れる駒場東邦では、数多くの実験に取り組みます。実験の内容は教科書の解説を読み、教員の演示を見るだけでも学ぶことが可能です。しかしそれは受動的な学びにすぎません。同校が求めているのは主体的に学ぶ姿勢です。自ら手を動かし、その結果を自身の目で確かめることを大切にしています。

そのため、中1、中2では、通常の理科の授業とは別に、クラスを2分割した少人数の実験の時間が週に1時間設定されています。予想通りの結果とならず、失敗することがあったとしても、持てる知識を使って考察し、原因を探ることで生徒の思考力が磨かれていきます。

もちろん理系教育のみが駒場東邦の魅力ではありません。他教科でも特徴的な授業が展開されています。

国語を例にみてみましょう。現校長である小家《おいえ》一彦《かずひこ》先生が始められ、現在もほかの教員がそれぞれに工夫しながら続けている取り組みです。

それは文学作品の研究です。10冊ほどの文庫本を用意し、グループごとに担当の本を決めます。生徒たちはその本を読んで感じたこと、発見した問題、その問題に対する意見などをクラスメイトに向けて発表します。教員から問題を示されることはなく、また1つの正解が存在するわけでもありません。すべては生徒たち自身で考えていくのです。

はじめはとまどいを見せる生徒たちも、次第に深く考察することを楽しむようになり、互いの発表を見ることでプレゼンテーションスキルも飛躍的に伸びていきます。多くの卒業生が「自分たちで問題点を洗い出していく作業は、大変だったけれどおもしろかった」と口をそろえるといいます。

理科の実験や国語の授業からも、うかがえるように、駒場東邦では知識を与えることだけに注力するのではなく、生徒自身が主体的に学べるような仕かけが用意されています。

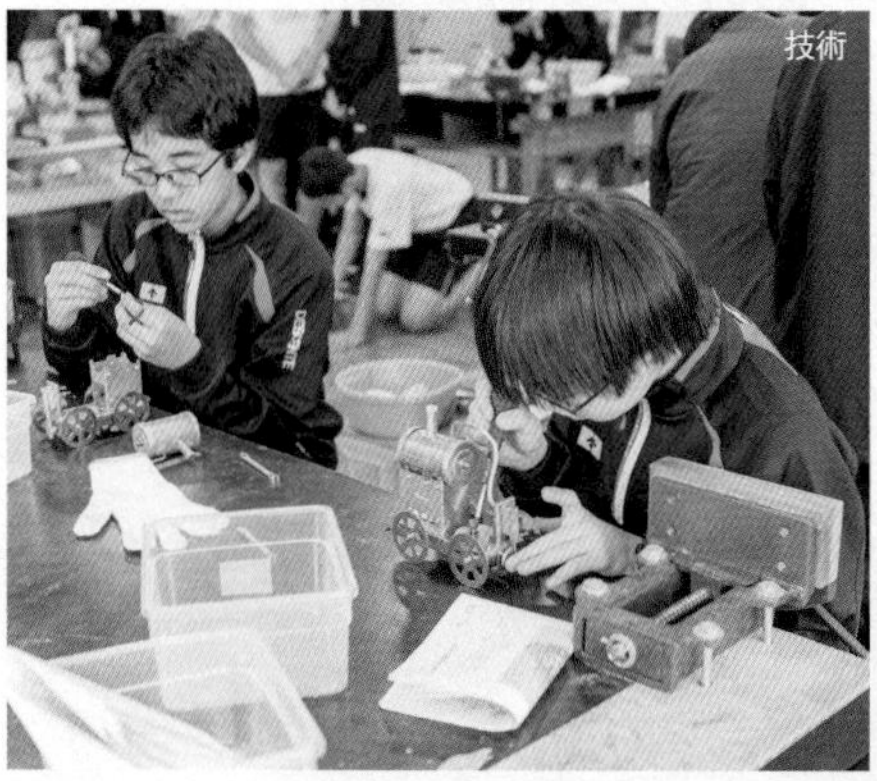
技術

家庭科

社会

オンライン英会話

現代文

主体的に授業に臨み、思考力を鍛えていく生徒たち。学びへの意欲が高く、自分の頭で考えることを楽しんでいます。

KomabaToho

教室を飛び出して本物に触れる経験

日々の授業以外にも、学びの機会が豊富にあるのが駒場東邦です。その1つとして校外学習があげられます。中1では「霧ヶ峰林間学校」、中2では「鎌倉見学」と「志賀高原林間学校」、中3では「奈良・京都研究旅行」に臨みます。いずれも本物に触れながら、個々に課題を持って現地でそれに向きあいます。

いま教育現場では「探究的な学び」がクローズアップされています。しかし駒場東邦では従来から「中高生にとっての学びはすべて探究である」と考え、自らテーマを設定し追究する教育が行われているのです。

そのほか、希望者を対象に各教員が独自に開講する体験学習も見逃せません。例えば海の生物や海洋環境問題について学ぶ「磯の生き物観察会」、城ヶ島や箱根で地層や岩石を観察する「地学実地研修」、近隣の東邦大学医療センター大橋病院を訪れ、医師の指導のもと手術の模擬体験をする「ブラックジャックセミナー」、東日本大震災の被災地を訪ね、自分になにができるのかを考える「スタディツアー」などがあります。

その内容からもわかるように、大切にされているのは「本物に触れる」こと。実際に目で見て肌で感じる経験が、多感な年齢である生徒の感受性を刺激します。

世界に目を向け国際感覚を身につける

駒場東邦では、１９７８年から交換留学制度を設け、国際理解教育を実施してきました。アメリカ、台湾の学校と提携しており、ホームステイをしながら、学校に通います。

さらに来春には新たなプログラムも始まります。それが「ベトナム・スタディツアー」です。NGO（非政府組織）と連携し、現地の少数民族と触れあいながら観光開発事業について考え、枯葉剤散布で失われたマングローブ林の再生事業についても学びます。

また、アメリカで働く卒業生の組織「全米邦友会」の協力のもとに行われるのは「ニューヨーク短期研修プログラム」です。２０１９年に初めて実施し、コロナ禍では中止となりましたが、現在再開をめざしています。卒業生の職場を訪れたり、大学生と交流したり、現地の人々にインタビューをしたりと、一般的な語学研修とはひと味違う内容です。

これらのプログラムを通じて、生

徒の視野は世界に広がり、国際感覚も養われていきます。

卒業生が日々の学習や進路選択をサポート

　卒業生は国際理解教育だけでなく、進路指導などにおいてもサポートを惜しみません。社会の第一線で活躍する卒業生から話を聞く「人材育成講演会」や「職場訪問」などに協力しています。

　また昨年度からは、卒業生が講師となって、放課後の学習を支援する「駒サポ」（駒場東邦放課後学習サポートシステム、別途費用が必要）も始まりました。対象は中1～高1です。同じ学校で学んだ卒業生だからこそ、つまずきやすい部分を理解し、丁寧にサポートすることが可能です。また、身近なロールモデルとなる先輩の言葉だからこそ、生徒に響くものもあるのでしょう。

　多くの卒業生が母校に対して「だれもが好きなことを見つけ、自由に取り組める学校」だといいます。「好き」を発見するための機会を豊富に用意し、生徒の自主性を尊重する駒場東邦の教育の魅力が、この言葉に詰まっています。「若者が夢を持てるように」という創立時の願いは、いまも大切に受け継がれ、生徒の成長を支えています。

ありのままの自分を受け入れ、応援してくれる仲間と切磋琢磨しながら、部活動にも打ち込みます。

囲碁部

山岳部

駒場東邦生は行事にも全力を注ぎます。6年間同じ色に所属する体育祭では、上級生・下級生の深いきずなが育まれます。

体育祭

霧ヶ峰林間学校

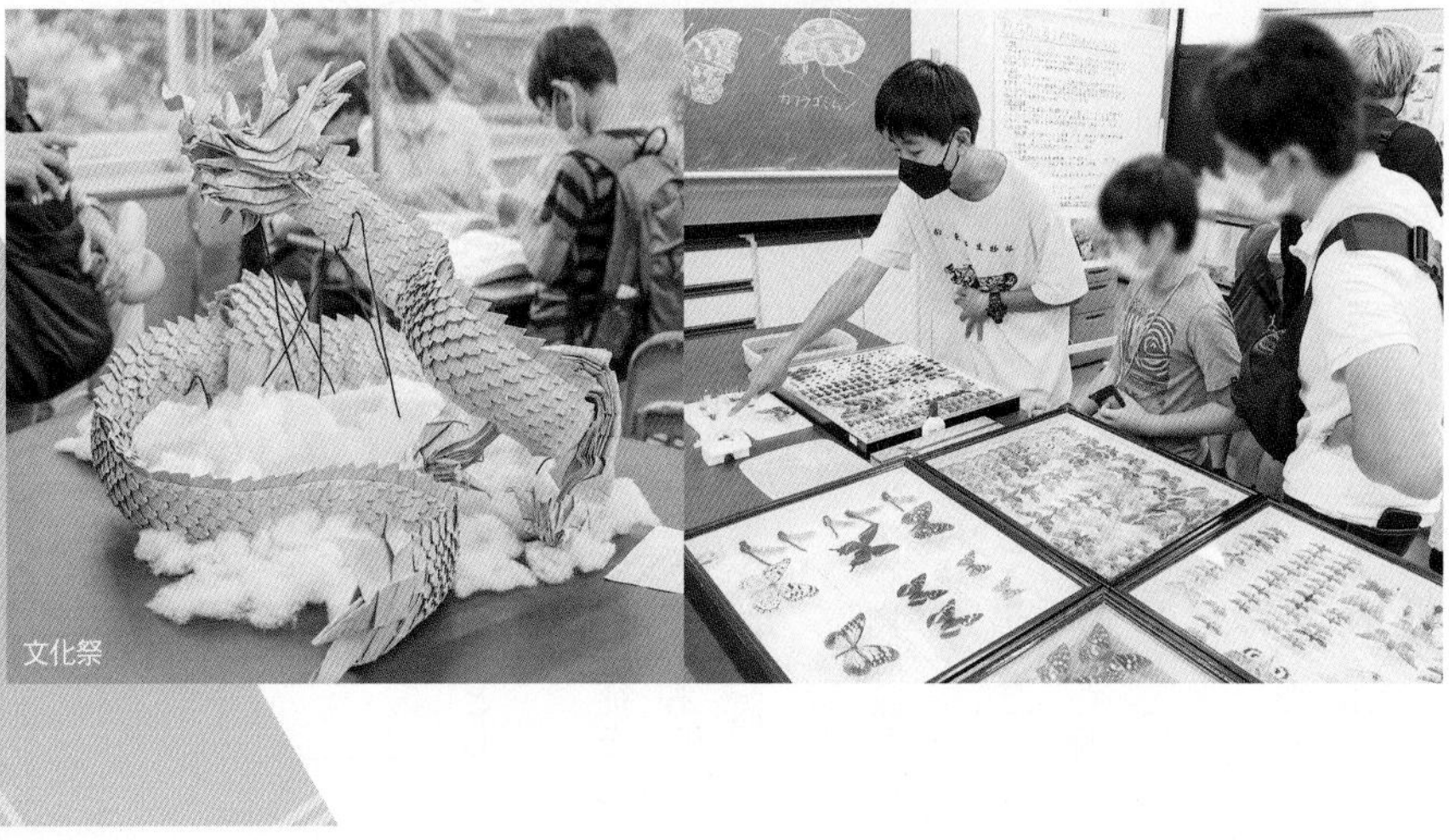
文化祭

interview

『校長先生インタビュー』

「3F精神」を胸に 意志をもって学ぶ自分に出会う

駒場東邦中学校　小家《おいえ》一彦《かずひこ》校長先生

誠実な戦いの先に 真の友情が待っている

Q御校が大切にしている「3F精神」とはどのようなものでしょうか。

【小家先生】「Fighting spirit」「Fair play」「Friendship」の3つをさします。生徒1人ひとりが力一杯、そして正々堂々と戦う、その戦いの先に真の友情が生まれる、という意味です。生徒には、受け身ではなく、Fighting spirit を持って、6年間を過ごすことを望みます。

Q生徒さんと向きあう際に意識されていることはなんですか。

【小家先生】「考えるのをやめないこと」です。教科指導をしていたとき、どんなに念入りに授業の準備をしても、「十分だっただろうか」と不安な気持ちを持って教室に向かっていました。ただ一方で、「自信を持てないうちは大丈夫」という逆説的な思いもありました。自信がなければその分努力します。もし完璧だと思ったら、その瞬間に努力をやめ、周りの人からのアドバイスもシャットアウトしてしまうでしょう。

　私はこれからもつねに、「生徒にとってよりよいものはなにか」を考えていこうと思います。

Q日ごろ生徒さんに伝えている言葉はありますか。

【小家先生】「意志をもって学ぶ自分に出会う」という言葉です。生徒が学ぶ意欲を持っている限り、私たち教員はどこまでもつきあいます。

　大学に合格するためだけに学んでいては大学入学後に燃え尽きてしまいます。興味を持ったことに思うがままに挑戦し、挑戦のなかで自らと向きあい、社会にどのように貢献するかを探っていく……中高生のうちに将来の目標を明確にするのは難しいと思いますが、「学ぶ目的はなにか」を突き詰めて考える、それ自体にも大きな意味があります。

　失敗も数多く経験することでしょう。失敗したときにこそ、本当の自分が見えてくるかもしれません。恐れず戦い、仲間と励ましあいながら失敗を乗り越える、その経験がいままで見えていなかった新たな自分との出会いを作り、他者への寛容な心を育むことにもつながります。

小家 一彦 校長先生

今後の糧となる 様々な体験の機会

Q授業以外にも、希望者を対象とした体験学習などがありますね。

【小家先生】私も体験学習で生徒を連れて演劇を見にいったことがあります。その際、「これを学んでほしい」と考えるのではなく、「いっしょに楽しもう」という思いで企画しました。生徒にとって教員は権力を持った存在に感じられるでしょう。だからこそ、同じ目線でともに楽しむ時間も大切なのではないかと思っています。

　「おもしろかった」で終わったとしてもかまいません。卒業後、ふとしたときに「あそこに行ったな」「あんな体験をしたな」と思い出すことがきっとあります。意識しなくとも中高時代の体験は、彼らのなかに蓄積され、糧となります。

Q国際理解教育で海外に行く際、生徒さんにはどのようなことを学んできてほしいとお考えですか。

【小家先生】 自分の常識が根底から覆る、そんな体験をしてほしいですね。

じつは私は合唱団に入って、音楽家としても活動しています。以前イギリスの音楽学校に短期留学した際、発表会で私の歌声を聞いた観客からサインを求められました。当時はプロでもなんでもなかったので、とまどいました（笑）。

そこで感じたのは、海外の方々は私のプロフィールではなく、それぞれの指標で私の歌を評価してくださったということです。一概には言えませんが、日本では経歴でその人の価値を決める傾向がみられます。そうした価値観を崩してくれたのが、イギリスでの経験です。日本社会の常識がすべてではない、それを生徒にも体感してもらいたいです。

Q受験勉強を頑張る小学生にメッセージをお願いします。

【小家先生】 勉強にゴールはありません。人は一生学び続けます。勉強すればするほど、次の課題が見つかって不安になるかもしれません。しかし不安を感じること自体、みなさんが頑張っている証です。

本校の校章は富士山と光で構成されています。堅実に学び、裾野を広げていく。その確かな土台があるからこそ、光が見えるという思いが込められています。自分を信じてコツコツと努力を積み重ねましょう。

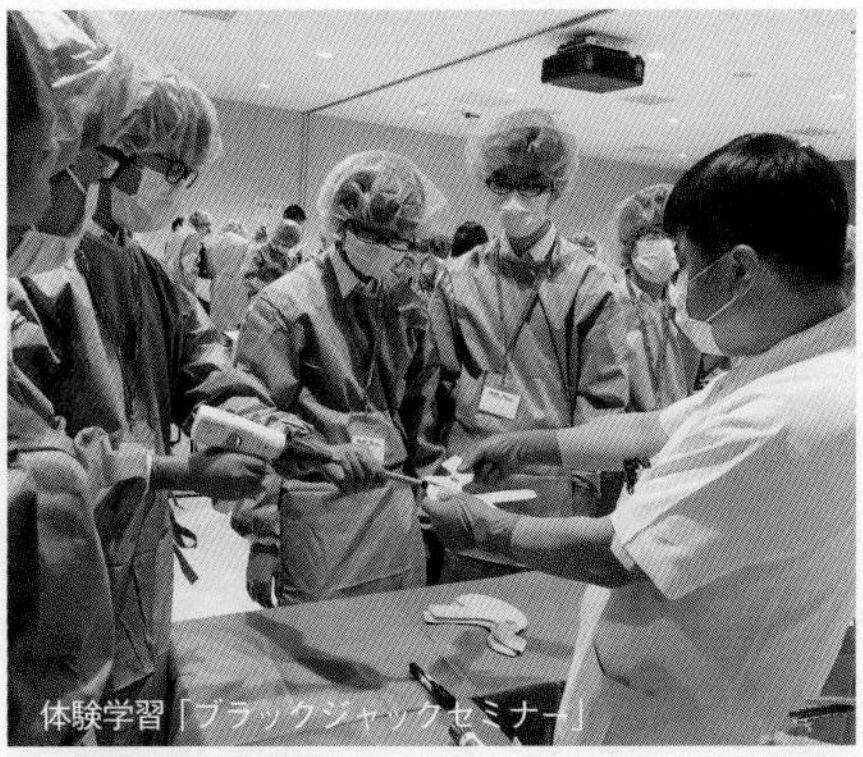
体験学習「ブラックジャックセミナー」

サッカー部

KomabaToho

実験

2024年度入試情報	
募集人員	240名
出願期間	2024年1月10日（水）～1月26日（金）
試験日	2024年2月1日（木）
合格発表	2024年2月2日（金）
選考方法	筆記試験（国語、算数、社会、理科）

※詳細は学校HPでご確認ください。

駒場東邦中学校

所在地：東京都世田谷区池尻4-5-1
アクセス：京王井の頭線「駒場東大前駅」・東急田園都市線「池尻大橋駅」徒歩10分
生徒数：男子のみ733名
T E L：03-3466-8221
U R L：https://www.komabajh.toho-u.ac.jp/

写真提供：駒場東邦中学校　※写真は過年度のものを含みます。

世の中のなぜ？を考える **社会のミカタ** 39

このコーナーでは日本全国の自治体が独自に制定している「条例」を取り上げて解説します。

「この条例はなぜつくられたのか？」を、一緒に考えてみましょう！

地域の特性や歴史的な背景を探ることで社会に対する見方を学ぶことができます。

沖縄県《おきなわけん》●宮古島《みやこじま》市

「エコアイランド条例」

今回紹介するのは沖縄県宮古島市で制定された条例です。宮古島は琉《りゅう》球諸島《きゅうしょとう》に属しています。地図上の位置は思い浮かびますか？　北緯24度から25度、東経１２５度から１２６度を結ぶメッシュ（網目）の中にあります。緯度の1分（1度の60分の1）が1海里（１８５２メートル）だということも覚えておきましょう。開成中学の入試問題で問われたことがありますよ。日本列島の地球儀上の位置を大まかにとらえる際には、「東経１３５度・北緯35度」の「日本のへそ」（兵庫県の西脇市）を中心に、北東の方角に「東経１４０度・北緯40度」（秋田県の八郎潟《はちろうがた》）と「東経１４５度・北緯45度」（北海道の知床半島《しれとこはんとう》の辺《あた》り）、そして南西の方角に「東経１３０度・北緯30度」（鹿児島県の屋久島《やくしま》の辺り）と「東経１２５度・北緯25度」（沖縄県の宮古島の辺り）を押さえて、「弓」（曲がったもの）の形の日本列島の、「絃《つる》」（まっすぐなもの）の部分をイメージしてみましょう。宮古島は沖縄本島からも、南西の方向に約３００キロメートル離れていますよ。

宮古島は珊瑚礁《さんごしょう》が隆起《りゅうき》してできた島で、石灰岩地層《せっかいがんちそう》となっています。そのため、水は地中へと浸透していまい、川となっては流れないのだといわれています。ですから生活用水のほとんどは地下水に頼ることになります。宮古島は「台風銀座」と呼ばれるほど台風の接近の多い地域ですが、この地域の降水の大部分は梅雨と台風によってもたらされるため、台風の少ない年は逆に干ばつに見舞われることにもなるのです。また、「川がない」ということから、海への土砂の流入もなく、透明度が高く保たれた海は「宮古ブルー」と称されていますよ。

宮古島市は、２００５年（平成17年）に平良市《ひららし》と宮古郡伊良部町《いらぶちょう》・上野村《うえのむら》・城辺町《ぐすくべちょう》・下地町《しもじちょう》の５市町村が合併して誕生しました。合併に際しては協議会を設置して検討を進め、最終的

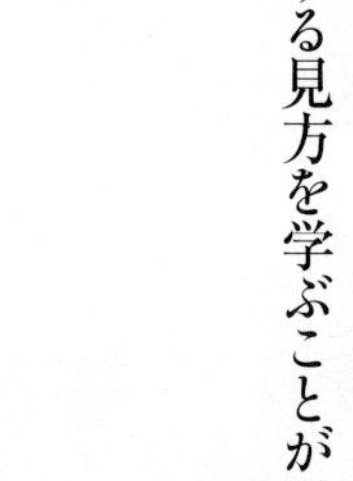

早稲田アカデミー 教務企画顧問
田中としかね

東京大学文学部卒業、東京大学大学院人文科学研究科修士課程修了。

著書に『中学入試日本の歴史』『東大脳さんすうドリル』など多数。

文京区議会議員。第48代文京区議会議長、特別区議会議長会会長を歴任。

に新市名として「宮古島市」が採用されたのですが、実は当初「宮古市」になることに決定していたのです。ところが、岩手県の宮古市から「事前に照会がなかった」として見直しを要請され、再度住民アンケートを実施した結果「宮古島市」に確定したという経緯があるのです。岩手県の宮古は、江戸時代の東廻り海運で栄えた港町です。また「本州最東端の地」である「魹ヶ崎《とどがさき》」も位置しています。東経142度4分21秒になりますよ。

「同一市名は回避すべし」という法律の規定は特にないのですが、地方自治を所管する総務省（旧自治省）から、「新たに市となる普通地方公共団体の名称は、既存の市の名称と同一となり、または類似することとならないよう十分配慮すること」という通達が出されているのです。ですから基本的に「同一市名」はないはずですが、「例外」として現在2例が存在します。広島県府中市と東京都府中市、北海道伊達市と福島県伊達市です。広島県府中市は1954年3月31日に、東京都府中市は1954年4月1日に誕生しました。「ほぼ同時」ということで認められています。北海道伊達市は1972年に誕生しました。一方、福島県伊達市は2006年に5町が合併して新しくできた市です。

これはどういうことでしょうか？両者は奥州伊達氏《おうしゅうだてし》という共通の歴史的な背景を持っていたため、新しく市となる福島側が合併協議会を結成して北海道伊達市を訪問し、同市の了解を取り付けた上で新市名を「伊達市」に決定したのでした。総務省としても「既存の市から異議が出ないこと、相手方との意思疎通を十分に取ること」という条件が達成されたため、認めることとなったのですね。宮古島市も、宮古市と先に話し合いを重ねていれば、また違った結果になったかもしれません。

さて、「エコアイランド条例」です。正式には「エコアイランド宮古島の推進に関する条例」になります。平成26年（2014年）7月1日に施行されました。「前文」にはこうあります。

「わたしたちは、健康で文化的な生活を営むため、島の環境の恵みを享受し、かつ将来に引き継ぐ責務を有していることを自覚し、日常生活において、環境への負荷軽減に努めることを心に留めなければならない。また、わたしたちは、先人が育んだ生活の知恵を生かすとともに、人と自然とが共生する中で、環境へ配慮した社会の構築を目指した取り組みを進めて行くことが求められている。

近年、宮古島の美しい自然への影響が懸念されており、将来、宮古島に住む人が活力に溢れ、訪れる人が『エコアイランド宮古島』を感じることができるよう、宮古島に関わる全ての人々が一体となり努力する必要がある。今後、島の豊かな自然環境を守り、島の限りある資源を活用した持続可能な成長を目指し、島の産業を育んでいくため、本条例を制定する。」

宮古島市では、市のホームページのトップ画面にこう掲げています。「千年先の、未来へ。」です。そしてそこに「ECO-ISLAND MIYAKO-JIMA」と銘打たれています。宮古島市では「エコアイランド推進課」を立ち上げて、施策の展開に努めていますよ。「地下水水質」を守り、「1人1日当たり家庭系ごみ排出量」を抑制し、「エネルギー自給率」を上げていこうとしています。

「エコ」とは「エコロジー（ecology）」の略で「生物をとりまく環境」を意味します。「島」（アイランド）という、生物にとって閉鎖的で安定した環境は、人為的な環境破壊が深刻化しやすく、すぐさま致命的なダメージとなってしまいます。「エコ」は「アイランド」にとって、生活と密接に関わる死活問題でもあるのです。

今月のキーワード

地理的要素 ● 海里　台風銀座

歴史的要素 ● 東廻り海運　奥州伊達氏

公民的要素 ● 協議会　総務省

時事的要素 ● ゴミ排出量　エネルギー自給率

それぞれの要素から、今月取り上げた条例に「逆算的」にたどり着けるか、考えてみよう！

何が好き？
どれを食べる？

甘いお菓子の話

皆さんは、甘《あま》いものが好きですか？　勉強の合間のおやつ、食事の後のデザート……「いつも楽しみ！」という人が多いのではないでしょうか。実は、甘いものが好きなのは皆さんだけではありません。昔の人々も、いろいろなものを甘味料として利用したり、外国の食べ物をヒントに独自のお菓子を生み出したりと、さまざまな工夫をしてきました。今回は、お菓子や甘いデザートの歴史を紹介します。

砂糖《さとう》は貴重な輸入品！「甘み」を求めて

日本のお菓子のなかでも特に歴史が古いものに、「だんご」や「もち」があります。だんごの起源は、なんと縄文時代。そのままでは食べられないドングリなどの木の実を粉にし、水にさらしてアクを抜き、丸めて熱を加えたものが、だんごの始まりです。また、もちは平安時代には既に食べられていたようです。ただし、このころのだんごやもちは、今のように砂糖を使った甘い味付けがされていたわけではありません。

現代のお菓子には、甘みを加えるための調味料として主に「砂糖」が使われています。砂糖は、奈良時代に中国の僧・鑑真《がんじん》によって日本に伝えられたといわれていますが、当時はとても貴重なもので、身分の高い人が薬用として使っていました。砂糖の代わりに甘味料《かんみりょう》としてよく使われていたのが、「甘葛《あまづら》」です。甘葛は、山に生えているツタの一種で、切ると甘みのある液を採取することができます。この液を煮詰めて、甘味料として使っていたのです。

また、現代でも食べられている「水あめ」や「はちみつ」も貴重な甘味料でした。砂糖は、主にサトウキビやてん菜《さい》の汁からつくられますが、水あめの原料はコメやサツマイモなどに含まれるデンプンです。これらに発芽玄米《はつがげんまい》や麦芽《ばくが》などを混ぜ、その酵素の力でデンプンを糖化《とうか》（分解）してつくります。水あめは奈良時代ごろから生産され、朝廷への献上品《けんじょうひん》にもなっていました。はちみつは、はじめは野山にあるミツバチの巣から採取していましたが、奈良時代ごろになると、はちみつをとるためにミツバチを飼育する「養《よう》蜂《ほう》」も始まったといわれています。1200年以上昔から、人々は「甘み」をつくり出すためにさまざまな工夫をしていたのですね。

ちなみに、砂糖はその後も長い間中国やポルトガルなどからの輸入に頼る状態が続いていましたが、1600年代のはじめに琉球《りゅうきゅう》（現在の沖縄県）で生産が始まり、薩摩藩《さつまはん》（現在の鹿児島県）を窓口として日本にも入ってくるようになりました。さらに1700年代半ばになると、日本国内でも讃岐国《さぬきのくに》（現在の香川県）の「和三盆《わさんぼん》」のように質の高い砂糖が生産できるようになり、少しずつ一般の人にも広まっていきました。

まんじゅう・ようかんの意外なルーツ

和菓子の代表格ともいえる「まんじゅう」「ようかん」。皆さんは、漢字で書くことができますか？　正解は「饅頭」と「羊羹」で、この二つはどちらも中国から日本に伝わったものです。しかし、中国では今のような甘いお菓子ではありませんでした。その原型を探るヒントは、実は漢字のなかに隠されています。

中国のまんじゅうの起源には諸説ありますが、その一つに、中国三国《ちゅうごくさんごく》時代（220～280年ごろ）に、蜀《しょく》の宰相《さいしょう》・諸葛孔明《しょかつこうめい》によって考案されたというものがあります。孔明が戦いから帰る途中、突然川が荒れ始め、渡れなくなってしまいました。人に尋ねると、「これは川の神のしわざで、鎮《しず》めるためには人の頭をいけにえとしてささげなくてはならない」と聞かされます。

しかし孔明は、「そんな風習のために人の命を犠牲《ぎせい》にすることはできない」と考え、料理人に命じて、小麦でつくった皮に肉のあんを包み、頭に似せたものをつくらせました。それを神にささげたところ、川は鎮まり無事に渡ることができた、というお話です。孔明がつくらせたのは現代の「肉まん」に近いものだったのですね。

鎌倉時代から室町時代にかけて、このまんじゅうが僧侶などによって日本に伝えられた際、仏教では肉を食べる習慣がなかったことから、野菜でつくったあんなどを入れるようになりました。そして、そのあんが小豆《あずき》を使った甘いものに変化していき、今のまんじゅうに近いものになっていったのです。

一方、「羊羹」の「羹」という字は「あつもの」とも読み、「熱い吸い物（スープ）」という意味があります。中国ではその名の通り、羊の肉を入れた熱いスープのことを羊羹と呼んでいました。これが日本に伝わってからは、小麦粉や小豆などを使って羊肉に似せた具をつくり、汁のなかに入れて食べていました。やがてこの具だけが独立して食べられるようになり、和菓子のようかんになっていったといわれています。

意外に古い ひんやりスイーツの歴史

日本で最初にアイスクリームが販売されたのは、明治二（1869）年のこと。場所は外国人が多く住んでいた横浜で、はじめは〝あいすくりん〟と呼ばれていましたが、とても高価なものでした。しかし、その製法が広まるにつれて値段も安くなり、明治時代の終わりごろには大人気を集めるようになりました。『吾輩《わがはい》は猫《ねこ》である』や『坊《ぼっ》ちゃん』などの小説で知られる夏目《なつめ》漱石《そうせき》も、アイスクリームが大好きだったと伝えられています。

もともと大の甘いもの好きだった漱石の日記には、「間食《かんしょく》にアイスクリームをなめた」「散歩のとき、子どもたちと一緒にアイスクリームを食べた」という記述がたびたび出てきます。なんと漱石の家には家庭用のアイスクリーム製造機まであって、ときには漱石自身が汗をかきながらつくることもあったそうですよ。

また、かき氷の歴史はアイスクリームよりもずっと古く、平安時代にまでさかのぼります。清少納言《せいしょうなごん》という女性が書いた『枕《まくらの》草子《そうし》』という随筆《ずいひつ》のなかに、次のようなことが書かれています。わかりやすいように、現代の言葉で紹介してみましょう。

「私が〝上品で優美だな〟と思うのは……削った氷に甘葛のシロップを入れて、新しい金属製の器に入れてあるもの！」

甘葛は当時の甘味料ですから、これはまさに現代のかき氷のこと。現代のように冷凍技術が発達する前は、山影などの涼しい場所に掘った穴に雪や氷を入れ、草で厚く覆《おお》って夏まで保存していました。これを「氷室《ひむろ》」といいます。氷室で保存された氷は、夏になると都の天皇や貴族など、身分の高い人のもとに送られていたそうです。

ブドウ糖

皆さんが一生懸命勉強しているとき、脳は活発に活動しています。脳にとって最も効率的なエネルギー源は「ブドウ糖」。ブドウ糖は砂糖やはちみつ、ごはんやパンなどの炭水化物に多く含まれています。なかでも砂糖やはちみつは消化・吸収されるスピードが速いため、勉強で疲れたときに甘いものを食べると、素早く栄養補給することができます。といっても、もちろん食べ過ぎは禁物。栄養バランスを考えた食事をきちんととったうえで、適量を食べるようにしましょう。

勉強の合間に甘いものを食べるときに、ぜひそのルーツや歴史を調べてみてください。「カステラ」は和菓子、それとも洋菓子？　「最中《もなか》」の名前の由来は？「金平糖《こんぺいとう》」のトゲトゲはどうやってできる？　エネルギーと一緒に、新しい「知識」も脳にチャージできますよ。

お仕事見聞録

「働く」とは、どういうことだろう…。さまざまな分野で活躍している先輩方は、なぜその道を選んだのか？ 仕事へのこだわり、やりがい、そして、その先の夢について話してもらいました。きっとその中に、君たちの未来へのヒントが隠されているはずです。

マーケティング担当者

丸美屋食品工業株式会社

南部 真衣さん

PROFILE
1993年生まれ。2012年3月、埼玉県立川越女子高等学校卒業。2016年3月、日本女子大学家政学部食物学科卒業。同年4月、丸美屋食品工業株式会社入社、マーケティング部へ配属、現在に至る。

—丸美屋食品工業とは？

1927年に丸美屋食料品研究所として誕生し、2027年に創業100周年を迎える総合食品メーカーです。

ふりかけの代名詞『のりたま』や「マーボといったら丸美屋♪」でおなじみの『麻婆豆腐の素』。発売50年超えのロングセラー商品『釜めしの素』といった、主に〝ごはん〟に関連する簡単で便利に調理できる商品を製造・販売しています。

—丸美屋食品工業に就職しようと思ったきっかけは？

小学生のころから理科の授業、特に化学の実験が好きでした。目の前で起こる不思議な現象にワクワクするのはもちろんのこと、それが起こるメカニズムを考察することにも面白さを感じていました。

高校生のころには「将来は管理栄養士として医療に従事したい」と思うようになり、食物学や栄養学が学べる日本女子大学家政学部食物学科に進学しました。ところが、就職活動を進めるなかで、治療のための〝食〟を支えるよりも、日々の〝食事〟をよりおいしく豊かにすることで、人々の健康を支えたいと思い始め、食品メーカーへの就職を志すようになりました。

数ある食品メーカーのなかから丸美屋食品工業を就職先として選んだのは、「治療のための〝食〟を支えるよりも、日々の〝食事〟をよりおいしく豊かにすることで、人々の健康を支えたい」という私の想いをまっすぐに受け止めてもらえたからです。おそらく、丸美屋食品工業の企業理念「新たな食文化を創造し、生活の豊かさの向上に寄与することで社会に貢献する」、これに何か通じるものがあったのではないかと思っています。

—【マーケティング担当者】の仕事について教えてください

私の所属するマーケティング部は、一言でいうと、多くの方に「おいしい！」と思ってもらえる商品を世の中に発信する部署です。

丸美屋食品工業では、ひとつの商品に対してひとりの【マーケティング担当者】が最初から最後まで携わる〝1商品1担当制〟で商品づくりを行っています。具体的な流れとしては、まず、お客さまの生の声や市場調査などを参考に、新商品のアイデアやリニューアルポイントを探っていきます。その後、ターゲット層や商品コンセプトなどを策定し、商品開発部との打ち合わせをスタート。何度も試作を重ね、一歩ずつ「これなら売れる！」と思えるものに近づけていきます。そして、中身が決まれば、今度はパッケージの作成やラインでの大量生産に向けて、製造部門との協議、さらには販売促進業務に取り掛かります。各種メディアで展開するCMやキャンペーンの戦略について広報宣伝室と刷り合わせをし、営業部門に対しては販売店へのアプローチ法を提案、商談に役立つデータ資料などの作成や社内プレゼンを行う――。これらすべてが、私たち【マーケティング担当者】の仕事です。

―ひとつの商品が完成するまでにどれくらいの期間が必要ですか？ 同時進行で複数の商品開発を行うのでしょうか？

現在、私は2023年で発売25周年を迎えた『ソフトふりかけ』シリーズを担当しています。私以外にもマーケティング部ふりかけチームには『ふりかけ』関連商品の担当者が6名在籍し、それぞれが新商品だけでなくリニューアルも含め、ひとりあたり2～3品を同時進行で手掛けています。ちなみに、ひとつの商品が誕生するまでには、短いものだと半年、長いものだと数年かかることもあります。

なお、新商品開発とリニューアルについては、ほぼ同じ頻度で行っています。これは、丸美屋食品工業では、〝商品を育てること〟を大切にしているからで、たとえロングセラーの商品であっても、お客さまの声や売上などを見ながら、少しずつ変化させています。

―商品開発をする際、何をヒントに開発するのですか？

世の中のありとあらゆる食品がヒントになります。例えば、2022年2月に発売した『ソフトふりかけ〈鮭めんたい〉』は、コロナ禍の影響からご家庭で食事をする機会が増えたことで〝ごはんのお供〟への注目が高まり、なかでも「鮭めんたい」が人気になっていることに着目したのがきっかけとなりました。ところが調査をしてみると、「鮭めんたい」は、お客さまが買おうとしても販路が限定的だったり、半年以上も予約待ちだったりと、価格も高価なものばかりだったりと、気軽に食べられないことが判明。そこで、丸美屋食品工業の大釜で丁寧に炊き上げて〝しっとりやわらか〟に仕上げる『ソフトふりかけ』ならではの技術を生かし、誰でも気軽に楽しめる「鮭めんたい」を作れたらと企画をスタートさせました。なお、開発するうえで苦労したのは「鮭」と「明太子」の味のバランスでした。「鮭」に寄せれば「明太子」が好きな方には物足りなく、反対に「明太子」に寄せれば「鮭」が好きな方には満足していただけない――。

そのベストなバランスを追求するために、商品開発部と何度も協議しては試作を重ね、理想の味に近づけていきました。

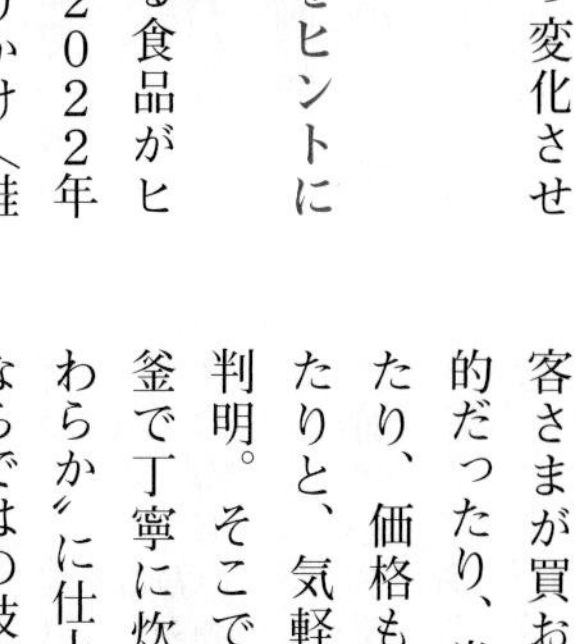

同様に市場調査するなかでヒントを得たのが『ソフトふりかけ〈にんにくラー油〉』です。これは、具入りラー油は好きだけれど、瓶に残ってしまう油がもったいない――。といった声があることを知り、『ソフトふりかけ』に加工できれば、「最後までおいしく食べられる」と喜んでもらえるのではないかと思ったのがきっかけでした。

それ以外の商品についても、歴代の担当者が日頃からいろいろな食品に興味を持ち、「これを『ソフトふり

SCHEDULE

ある一日のスケジュール

8:30	出勤。メールチェック
9:00	炊飯準備、販売実績確認
10:00	試作品チェック、試食調査
11:00	試食調査結果分析
12:00	昼食
13:00	商品開発部との打ち合わせ
14:00	営業担当者からの依頼対応
15:00	パッケージデザイン打ち合わせ
16:00	市場調査（外出）
17:30	退勤

かけ』にできないだろうか？」といった視点で企画したものばかりです。もちろん、同業他社の商品も、積極的に食べて研究しています！

――他社の方や社内他部署の方と接する際に気を付けていることを教えてください

円滑なコミュニケーションにつながるよう、物事の伝え方には配慮しています。言葉だけでは分かりにくそうなときは図を用いる、質問の目的をきちんと伝える、わからない場合は曖昧な回答をせずに確認してから連絡する、感謝の気持ちは積極的に言葉にする……。いずれも些細なことばかりですが、お互いに気持ちよく仕事をするためには欠かせないことと思い、常に心掛けるようにしています。

――業務をするうえで難しいことは？どんなときに達成感を得られますか？

商品が誕生するまでには社内外の多くの人が関わるので、自分の思い通りに進められることはほとんどありません。さまざまな事情や多種多様な意見を加味しながら、限られたスケジュールのなかで、何かしらの結論を出さなければならないことばかりです。その結論を出すときが一番難しさを感じますね。後になって「本当にあれが最適解だったのか」と悩むこともあります。

だからこそ、自分が携わった商品をお客さまが手に取るのを見かけたときはとても嬉しく感じます。逆に苦労して発売にこぎ着けた商品の売れ行きがあまりよくないときは、へこんでしまうこともあります。ただ、売れない理由は必ずどこかにあるので、前向きに原因究明に努めるようにしています。

――ご自身が担当された商品で一番のおススメ商品を教えてください

『ソフトふりかけ』を25年ものロングセラー商品に育てた基盤商品、『ソフトふりかけ〈ちりめん山椒〉』です。数年前にリニューアルを手掛け、さらに山椒の風味を華やかに感じられるようになりました。

実は、担当3年目の時に『ソフトふりかけ』のおいしさに魅了され、ひとりでも多くの方にファンになっていただきたいとの思いから、「打倒！のりたま」をテーマに企画品発売やSNSキャンペーンなどを仕掛けました。しかし、結果は惨敗……。改めて『のりたま』の強さを思い知らされました。いつの日か、「ふりかけといえば『ソフトふりかけ！』」と言っていただけるように、根気強く育成していくつもりです。味には自信がありますので、ぜひ、『ソフトふりかけ』を召し上がってみてください。

――この仕事に就くための資質とは？

人を喜ばせるのが好きな人や、視野が広く柔軟な考え方ができる人が向いているように思います。身の回りの物事に関心を持ち、「もっと良くするにはどうすればよいのだろう」と前向きな課題意識を持つことができる人であれば、特別な資質は必要ないと思っています。

――これから成し遂げたいことは？

ひとりでも多くの方に『ソフトふりかけ』を食べていただき、「ふりかけ＝サクサク」の概念を覆し、ふりかけの表現の幅広さや奥深さを体験していただくことです。

そして、それが丸美屋食品工業の展開する〝ごはん〟に関連する商品を通じて米食を促進し、日本の食料自給率アップや健康増進に貢献できれば――。これほどうれしいことはありませんね。

――子どもたちに将来へ向けてのアドバイスをお願いします

目の前のことに一生懸命に取り組む姿勢を大切にしてください。粘り強く、工夫しながらやり遂げる力は、将来的にも必ず必要になると思います。そして、その頑張りはいつしか自信につながるはずです。

――仕事とは？

おいしく
豊かな毎日に
貢献

今日もおいしく 丸美屋

南部真衣

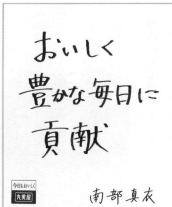

早稲田アカデミーの英語ブランド

IBS（御茶ノ水）／English ENGINE（国立・月島・新百合ヶ丘）

早稲田アカデミーには、IBS（御茶ノ水）・English ENGINE（国立・月島・新百合ヶ丘）と4つの英語教室があります。英語を英語で理解し、表現できる「英語脳の育成」と、それを育むための「英語の本を思いっきり読める環境」――目指しているのは、一生使える「本物の英語力」の獲得です。

本物の英語力獲得のための「3つのKey」

Key1 脱「日英変換学習」

英語を日本語に変換するのではなく、英語を英語で理解し表現できる「英語脳の育成」に力を入れています。例えば、小学校低学年の子どもたちに「literature」という単語を教えるときに、私たちは「文学」という日本語を使いません。「Literature is books, plays, and poetry that most people consider to be good or important.」と説明します。子どもたちは思考をめぐらせながらその語のイメージをつかんでいくと同時に、その語が表しているもの自体に対する理解も深めていきます。

Key2 英書多読

言葉は使わなければできるようになりません。しかし、「英語を"使う"」＝「英語を"話す"」でしょうか？　もちろん「話す」ことも大切ですが、私たちはまず「読む」ことが大切だと考えています。「読める」とは、「英語を英語で正しく理解し、感じられること」だと考えているからです。入塾説明会などで「英語をちゃんと"読める"子は、"聞ける"し、"書ける"し、"話せます"」とご説明している通り、IBS・English ENGINEでは英書の多読教育を通じてお子様の英語力の土台を育んでいます。

Key3 ゴールオリエンテーション

私たちは、お子様が「英語に慣れる」「英語に親しむ」だけでなく、「確かな英語力」を身につけていただきたいと考えています。そのために、目標と期限を決めて実現していく「ゴールオリエンテーション」を大事にしています。「目標」と「期限」はワンセットと考え、「いつ」までに「どんなこと」を実現するのかを明確にすることで、生徒たちのやる気に火をつけていきます。

授業は基本的にAll Englishで行います。また、学年別ではなく英検®をベースとした無学年制のレベル別クラスを設置しています。海外で使用されている教材やオリジナルテキストを使い、授業や自宅で繰り返し音読練習をすることで、単語や文法も自然と身につくカリキュラムになっています。生徒たちが我先に「Me！Me！」と手を挙げる、やる気と熱意に溢れた空間――。ぜひ、教室で実感してください。

みんな、おめでとう！ よくがんばりました！

2022年度 ※1
早稲田アカデミー英語ブランド※2
英検®合格実績

526名

1級～5級合格率 **84.8%**

1級（大学上級レベル）	準1級（大学中級レベル）	2級（高校卒業レベル）	準2級（高校中級レベル）
5名	15名※	48名	82名
小6からも合格	小4からも合格	小3からも合格	小2からも合格

3級（中学卒業レベル）	4級（中学中級レベル）	5級（中学初級レベル）
118名	131名	127名
小1からも合格	年長からも合格	年長からも合格

※準1級合格者には、S-CBTの合格者を含みます。

※1　2022年第1回～第3回の英検®
※2　IBS（御茶ノ水）・English ENGINE（国立・月島・新百合ヶ丘）

早稲田アカデミー IBS
Integrated Bilingual School

多読英語教室
早稲田アカデミー English ENGINE

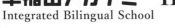

身近な言葉

ちょっと深掘り

"ラムネ"は何語？

皆さんは、普段使っている言葉がどうやって生まれ、日本語のなかに定着していったのか、考えたことがありますか？ 身近なものの名前には、外国語から生まれた言葉や変わった由来を持つ言葉がたくさんあります。自分の身の回りにあるものの名前を調べてみると、意外な由来や歴史が隠れているかもしれません。今回は、身近なものの名前を少し深掘りして紹介します。

英語だけじゃない！ この言葉、どの国から？

皆さんが勉強に使う「ノート」や「テキスト」、塾に設置されている「ホワイトボード」。これらの言葉は、全て英語から生まれた言葉です。私たちが使っている言葉のなかには、このように外国の言葉が日本に伝わり、その後日本語と同じように使われるようになったものがたくさんあります。

日本語に根付いた外国語は英語だけではありません。例えば、細長いシュークリームの上にチョコレートなどを塗った洋菓子「エクレア」は、「稲妻《いなづま》」という意味のフランス語「eclair（エクレール）」から付けられました。細長い皮の表面にできるひび割れやコーティングのピカピカした様子が稲妻に似ているから、という説が有力です。ちなみに「シュークリーム」もフランス語「chou à la crème（シュー・ア・ラ・クレーム）」から生まれた名前で、「シュー」は「キャベツ」のこと。丸く絞り出して焼いた生地がキャベツのように見えることから、こう呼ばれるようになりました。

また、骨折してしまったときなどに患部《かんぶ》を固定するために使う「ギプス」は、もともとドイツ語の「石膏《せっこう》」を意味する言葉でした。石膏には水を加えると固まる性質があるため、昔は患部を固定するために使われていたのです。他にも、治療の際に使う薄い布「ガーゼ」、診療や薬の内容を記録する「カルテ」など、医学や病院に関連する言葉のなかにはドイツ語をもとにする言葉がたくさんあります。これは、日本が明治時代にドイツから医学の知識を多く取り入れたためです。

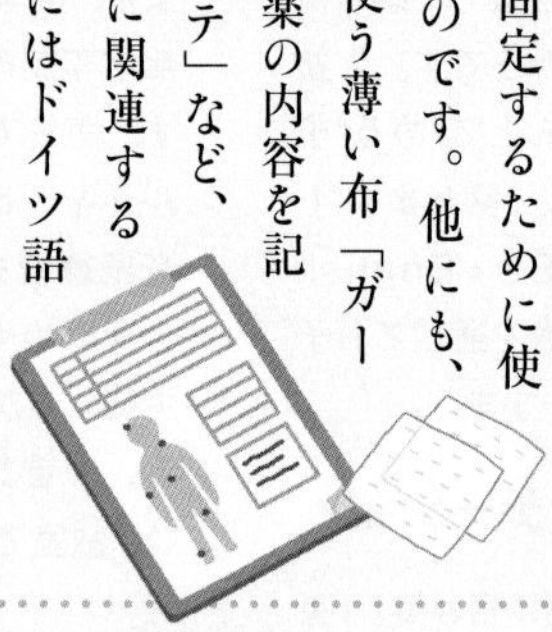

ほかにも、お寿司のネタとしてもおなじみの「イクラ」はロシア語で「魚の卵」を意味する「икра（イクラー）」から生まれた言葉。日本語のなかには、さまざまな国生まれの言葉が隠れているのです。

言葉も一緒に"輸入"した⁉

「今日の朝はパンを食べ、コップに注いだ牛乳を飲んだ」。この短い文のなかにも、「パン」「コップ」という二つの外来語が隠れていますね。皆さんは、「パン」「コップ」という言葉がどこの国から伝わったものか知っていますか？

正解は、「パン」がポルトガル、「コップ」がオランダです。「カルタ」「じょうろ」「カッパ」「カステラ」など、実は日本語のなかにはポルトガル語に由来する言葉がたくさんあります。日本とポルトガルの間には、１５００年

代の中ごろから1600年代のはじめにかけて活発な交流がありました。特に、当時天下統一に向けて勢力を伸ばしていた織田信長はポルトガルとの貿易を積極的に行っており、さまざまなものや文化がもたらされるのと同時に、言葉も伝わってきたのです。

　その後江戸時代になると、幕府による鎖国《さこく》政策（決まった国以外との交流を断絶すること）のため、ポルトガルとの貿易は途絶えてしまいました。代わりに盛んになったのが、オランダとの交易です。オランダからは長崎にある出島を通じて、さまざまな文物と一緒に「スコップ」「コンパス」などの言葉も伝わり、日本語のなかで使われるようになったのです。

意味が変わった言葉も！

外国から伝わった言葉のなかには、本来の意味と全く同じ意味で使われているものもあれば、日本で長い間使われているうちに違う意味に変化したものもあります。

　例えば「ワイシャツ」。皆さんは、ワイシャツがどんなシャツか、説明できますか？　正解は、「主に男性がスーツの下に着る、えりとボタンがついた前開きのシャツ」のこと。でも、もともとの意味は違います。ワイシャツの語源は「ホワイトシャツ（white shirt）」、つまり「白いシャツ」を指す言葉だったのです。

　また、「サイダー」と「ラムネ」も、実は意味が大きく変わった言葉です。どちらも甘みや香りを付けた透明《とうめい》な炭酸飲料《たんさんいんりょう》のことですが、名前の由来には大きな違いがあります。サイダーという名前のもとになったのは、リンゴを発酵《はっこう》させてつくる炭酸入りの「cidre（シードル）」というお酒です。一方ラムネという名前は、英語の「lemonade」、つまり「レモネード」から生まれたと考えられています。レモネードは、レモンの果汁にはちみつやシロップなどで甘みをつけ、水やお湯で割って飲むもの。つまり、サイダーとラムネという名前の由来であるシードルとレモネードは、もともとは、「リンゴのお酒」「レモン風味の飲み物」という別のものを表す言葉だったのです。

外国の地名が野菜の名前に⁉

私たちの毎日の食卓には多種多様な野菜が並びますが、それらの全てが最初から日本にあったわけではありません。外国から伝わり、長い歴史のなかで日本の食文化に溶け込んでいったものもたくさんあります。そして、それらの野菜の名前にも、外国から伝わった言葉や外国の地名から生まれた言葉が隠れています。

　例えば、ハロウィンや冬至の日に欠かせない「カボチャ」は中南米原産の野菜。16世紀の半ば、ポルトガル船によって今の大分県に初めて伝えられたといわれています。このとき、持ち込んだ商人から「途中で立ち寄ったカンボジアの野菜」と聞かされたことから、「カンボジア」がなまってカボチャと呼ばれるようになった、といわれています。また、カボチャには他にも「南京《なんきん》」「唐茄子《とうなす》」という別名があります。南京は中国の都市の名前。唐茄子の「唐」は7世紀から10世紀初めまで中国を治めていた王朝の名前で、日本では江戸時代までは中国、もしくは広く〝外国〟を指す言葉でした。カボチャを表す名前はどれも、外国からやってきたことにちなんでつけられているのが面白いですね。

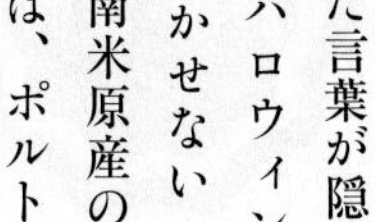

　同じく、ジャガイモも外国から伝わった野菜です。ジャガイモが日本にやってきたのは、16世紀の終わりから17世紀の初めごろ。当時日本と交易のあったオランダ船によって、インドネシアのジャガタラ（現在のジャカルタ）から持ち込まれたため、「ジャガタラからきたイモ」という意味でジャガイモと呼ばれるようになったといわれています。また、ジャガイモには「馬鈴薯《ばれいしょ》」という別名がありますが、これは中国からきた言葉。中国では別のイモを指す言葉だった、という説もありますが、日本ではジャガイモの別名として定着しました。ポテトチップスの袋の裏側にある原材料欄を見てみると、メーカーによってはジャガイモではなく馬鈴薯と記載されているものもありますよ。

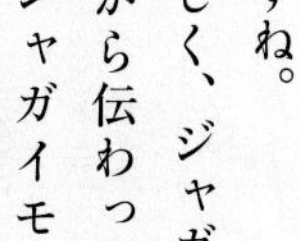

　言葉は文化そのもの。ものや習慣と同じように、外国から伝わった新しい言葉が少しずつ日本語のなかに溶け込み、新しい文化をつくってきたのです。今この瞬間にも、少しずつ外国の言葉が新しい日本の言葉として根付いていると想像すると、ワクワクしますね。

クローズアップ!!

Close up!!

神奈川　川崎市　女子校

洗足《せんぞく》学園《がくえん》中学校

幅広い学びにチャレンジし 幸福な未来を切り開く力を育てる

建学の精神「謙愛」に基づき、社会に貢献できる高い学力と、他者を理解する豊かな心を有した人物を育てる洗足学園中学校。考え、挑み、創造する6年間の学習サイクルのなかで、生徒は深い知力を習得し、それぞれの可能性を伸ばしています。

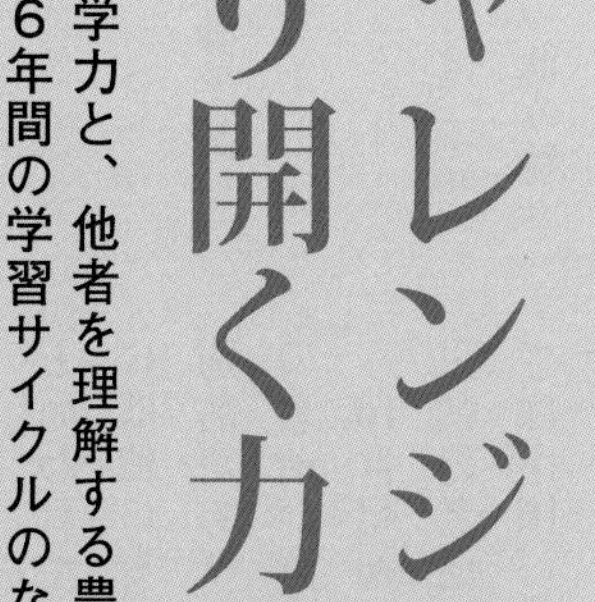

宮阪元子《みやさかもとこ》
校長先生

アップデートを続ける学習環境のもと 多様な知識を吸収していく

洗足学園中学校（以下、洗足学園）は、1924年に開かれた私塾にルーツを持ちます。創設者の前田若尾は、関東大震災の発生から約半年後、災禍を逃れた自宅の2階を開放する形で女子教育のための裁縫学校を作りました。これこそが、100年近い歴史を持つ洗足学園の始まりです。

教育の柱には「自立」「挑戦」「奉仕」を掲げ、「社会の中で『幸福な自己実現』を達成できる人物」を育成しています。自立は「常に成長を目指し努力し続けられる人物」を、挑戦は「世界で活躍できる能力を有した人物」を、奉仕は「謙虚に自分を見つめ喜んで奉仕できる慈愛に満ちた人物」を育てていくことをそれぞれ意味します。

宮阪元子校長先生は、「創立100周年を迎えるにあたって復元された当時の資料を見ていると、本校はつくづく、生かされた命を女子教育のために捧げようとした、前田若尾の決意のもとに作られた学校なのだと実感します。我々教員もその使命を受け継ぎ、生徒のためにできること

施設・設備

「本物に触れること」が意識された学習環境。机やイスも選び抜かれた品がそろいます。図書館の蔵書は多くが電子化されており、個人の端末からも閲覧が可能です。

校舎

をつねに考えていきたいです」と話されます。

そうした生徒への愛情は、洗足学園の学校環境にも反映されています。アトリウムにあるミネルヴァ像をはじめ、校内には多くの芸術品が設置されています。走査型電子顕微鏡や液体クロマトグラフィーといった大学の実験室レベルの設備があるほか、AI（人工知能）搭載のコミュニケーションロボットなど、最先端の機器が導入されていることも見逃せません。

「創設時から続く『変わらないもの』がある一方で、いいと感じたら新しいものもどんどん取り入れています。躊躇《ちゅうちょ》しているとその分、目の前の生徒の学びが遅れていってしまいますので、学習のチャンスを逃さないようにしてあげたいです。12歳から18歳という多感な時期に、日常的に『本物』に囲まれて過ごす経験をすることで、身の回りにある様々なものに価値を見出せる感性を養ってほしいです」（宮阪校長先生）

答えに近づくために「モヤモヤ」と考える大切さ

洗足学園では「全教科必修体制」のもと、高2での文理選択にかかわらず、卒業まで文系型の生徒も数学や理科を勉強し、理系型の生徒も社会と国語を学習します。5教科の土台をしっかりと築いているからこそ多様な進路選択も可能となり、過去には文系から医学部へ進学した生徒もいたといいます。

日々の授業のなかでも、理科の授業に英語科の教員とネイティブ教員が参加して、実験手順を英語で説明するなど、教科を融合した取り組みが実践されています。

「家庭科でも英語のレシピを使って調理実習を行っているのですが、先日様子を見ていたら、手順が簡潔にしか書かれていないこともあって、班ごとに少しずつ違うものができあがっていましたね（笑）。でもじつは、これらの授業には探究学習的な側面も持たせていますので、ときに色々な成果が得られることもまた正解なんです。生徒には答えを出すこと以上に、『ほしい結果を得るためには、どのようなプロセスをたどればいいのか』を考えることを大事にしてもらいたいと思います」（宮阪校長先生）

また、洗足学園は30年以上も前から帰国生入試を実施しており、毎春30～40人の生徒が入学してきます。高1までの各学年のうち2クラスに帰国生が所属し、英語以外は一般生

Minerva Cafe（コミュニティスペース）

SKYLIGHT READING ROOM（図書館）

グラウンド

デジタル地球儀

ミネルヴァ像

と合同で授業を受けます。

流暢に英語を話す帰国生と日常的に接することができるため、「いつかは私もあんなふうにしゃべりたい」と憧れる一般生も多くいるといいます。一方で帰国生には、国語や社会などの教科を一般生から教わるなかで、その知識量をリスペクトする姿が見られるそうです。海外研修や留学のプログラムも豊富に用意されており、身につけた語学力を活かして海外大学にチャレンジし、進学する生徒も例年いるとのことです。

高い学力を培う教科指導に加えて、近年力を注いでいるのが「哲学的な対話」による心の教育です。

「哲学的な対話」はおもに総合的な学習（探究）の時間や宿泊研修の機会を活用して実施されています。学年ごとにそれぞれ10人程度のグループに分かれ、テーマに沿った意見交換を行います。ディベートのように討論をするのではなく、あくまでも対話を重ねていくことが重視されます。

テーマは学年に応じて設定され、「ドラえもんで一番幸せな人はだれか」「平等とはなにか」「日本は女性が活躍できる社会になれるのか」など、幅広い内容が扱われます。また哲学書をテキストに、その本の内容を話しあうこともあるそうです。

「世の中には簡単に答えが出ないことの方が多いと思います。モヤモヤしながらも考え続ける力を養ってほしいです」と宮阪校長先生がおっしゃるように、他者の意見に耳を傾けてそれぞれの考えを深めていくことで、物事をより広い視野で考察できる思考力を培っていきます。

学校の文化として根づく「他流試合」の活動

洗足学園では学外の交流活動や研修プログラムに参加することを「他流試合」と呼んでおり、生徒たちは日々、様々な大会への出場をめざして学習に励んでいます。「化学グランプリ」や「中高生探究コンテスト」などに挑戦するほか、先ほどご紹介した「哲学的な対話」の経験を活かして「国際哲学オリンピック」に日本代表として出場するなど、学びの成果を多くの舞台で発揮しています。

また洗足学園が主催し、他校を招いて開催する「ジャパンメトロポリタン模擬国連大会」（JMMUN）では、大会を運営する立場から、議長として参加者をファシリテート（円滑に進行）する力も磨きます。

こうした他流試合は、いままでは高校生が中心となっていたそうですが、近年では、先輩の姿に刺激を受

学習風景

答えにたどり着くまでの過程を重視する洗足学園の授業。アクティブラーニングの手法を取り入れることで、主体的な学習姿勢を定着させます。「哲学的な対話」の取り組みでは、他者の価値観に触れつつ、自分の考えを言葉で表現する方法も学びます。

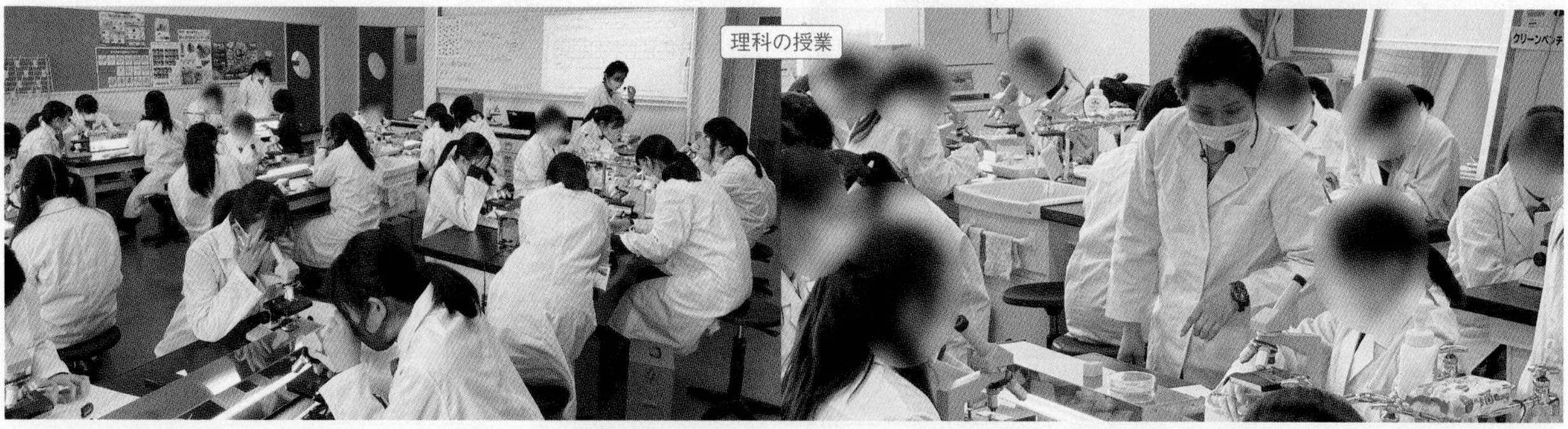

理科の授業

「哲学的な対話」の様子

英語の授業

学校生活

教科学習以外の活動にも熱心に取り組み、学内外の人と交流を重ねて成長する洗足学園の生徒たち。今年度の「ジャパンメトロポリタン模擬国連大会」（JMMUN）では、14の国や地域から345人もの参加者を迎え、様々な国際問題について議論しました。

彩羽祭（文化祭）

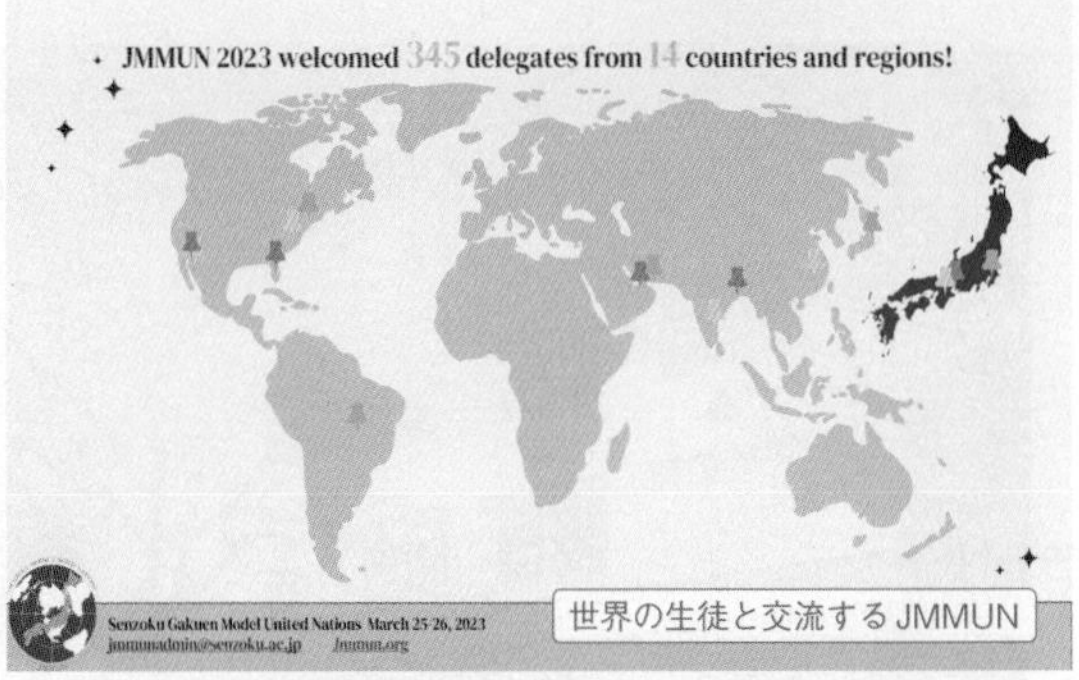

世界の生徒と交流するJMMUN

海外語学研修（イギリス）

クリスマス野外コンサート

写真提供：洗足学園中学校　※写真は過年度のものを含みます。

けた中学生の活躍もめだつといいます。

「先日、中2のある生徒が『日本地学オリンピックに出場したい』と校長室にやってきました。『どうして出ようと思ったの？』と尋ねたら『先生、私はせっかく洗足学園に入ったんです。なにかをやらなきゃとずっと考えていて、好きで勉強を続けてきた石のことを発表できる大会があると知り、いよいよ他流試合に出られると思って嬉しかったんです』と言っていました。こうした姿勢こそが、本校の文化なのだと思います。教員が『やりなさい』といって無理に取り組ませても、それは文化として根づいていきません。生徒の自主的な意欲が学校の雰囲気となって定着していくことを、とても喜ばしく感じています」（宮阪校長先生）

友人や先輩とのかかわりのなかで互いを高めあい、個々の力を伸ばしていく文化が育まれる洗足学園。幸福な自己実現の達成をめざして、多彩な学びに挑戦できる6年間が待っています。

最後に宮阪校長先生は、読者のみなさんに「洗足学園は受験生と、その頑張りを見守る保護者の方々を心から応援しています。校内を見学する機会も多くありますので、ぜひ実際に足を運んで、学校の雰囲気を感じていただければと思います。来年の春に満開の桜のもとで、『洗足グリーン』の制服に身を包んだみなさんとお目にかかれることを、楽しみにしています」とメッセージをくださいました。

授業見学会〈要予約〉

11月4日（土）　11月11日（土）
両日とも　9:45～10:45
　　　　　11:00～12:00
※日程は変更の可能性があります。詳細は事前に学校HPにてご確認ください。

2024年度入試日程

帰国生入試（A方式、B方式）
2024年1月13日（土）
一般生入試
第1回　2024年2月1日（木）
第2回　2024年2月2日（金）
第3回　2024年2月5日（月）
※詳細は学校HPにてご確認ください

School Information

所在地：神奈川県川崎市高津区久本2－3－1
アクセス：JR南武線「武蔵溝ノ口駅」、東急田園都市線・大井町線「溝の口駅」徒歩8分
生徒数：女子のみ784名
TEL：044-856-2777
URL：https://www.senzoku-gakuen.ed.jp/

のぞいてみよう となりの学校

School Data

所在地　千葉県柏市大井2590
アクセス　JR常磐線・東武野田線「柏駅」、東武野田線「新柏駅」、JR常磐線「我孫子駅」スクールバス
生徒数　男子144名、女子104名
TEL　04-7191-5242
URL　https://www.nishogakusha-kashiwa.ed.jp/

二《に》松《しょう》学《がく》舎《しゃ》大《だい》学《がく》附《ふ》属《ぞく》柏《かしわ》中学校〈共学校〉

創立以来、独自の「探究学習」「論語教育」を展開してきた二松学舎大学附属柏中学校。生徒の主体的な学びの姿勢を育む2つの取り組みについて、その具体的な内容と、込められた思いをうかがいました。

生徒と教員がいっしょになって「学ぶ楽しさ」を見つけていく

他者と協働しながら 現代社会で活躍できる人材へ

JR常磐線「柏駅」からスクールバスで15分。伸びのびと広がる自然と住宅街を縫うように進んだ先に現れるのが、二松学舎大学附属柏中学校（以下、二松学舎柏）です。創設者・三島中洲《ちゅうしゅう》が掲げた建学の精神「己を修め人を治め一世に有用なる人物を養成す」について、島田達彦副校長先生は「『己を修め』は自分を理解すること、『人を治め』は自分を理解するように他者を理解することを表します」と説明します。

「国際化が進む現代社会では、他者と協力しながら問題に取り組む場面が多くあるでしょう。だからこそ、自分に自信を持ち、他者を信頼し、物事を進行していく力が必要です。三島中洲が建学の精神を掲げたのは約140年前ですが、この『己を修め人を治め一世に有用なる人物』は現代にこそ求められる、そんな力を身につけた人間を表しているのではないでしょうか。二松学舎柏で受け継がれてきたこの精神を、今日実現させることの意義を日々強く実感しています」（島田副校長先生）

そして、その実現のカギとなるのが、同校が独自に行う「探究学習」と「論語教育」だと話される島田副校長先生。生徒それぞれの興味関心を育み、自分の力で学びを積み重ねていく人間へと成長させる、二松学舎柏の多彩な教育プログラムをご紹介します。

普段の学びを活かして 地域の課題解決に向きあう

二松学舎柏では昨年度より、従来の探究学習をさらに発展させるべく、「探究」を冠した「総合探究コース」「グローバル探究コース」の新コース制を開始しました。「探究学習は、『課題を見つけ、調査をし、結果にまとめ、また次のアクションを起こしていく』ことの繰り返しです。課題を見過ごすことなく、きちんと向きあい、行動できる人間になってほしいという思いから、今後はいっそう力を入れていきたいです」と島田副校長先生は語ります。

二松学舎柏の探究学習で代表的なのが、両コース共通で3年間かけて行う「自問自答プログラム」。米作りをイチから体験する「田んぼの教室」や、国際都市東京の歴史や文化に触れる「都市の教室」、このほか「沼の教室」「古都の教室」「世界の教室」「雪の教室」など、実際に現地を訪れるなかで、自らの目で見て、触れる体験型学習が実施されています。

なかでも特徴的なのが、同校のすぐ近くにある手賀沼を舞台にした「沼の教室」です。導水施設を訪れて地域の水資源について学ぶほか、手賀沼を起点に研究テーマを設定（自問）し、調査・考察（自答）していきます。アクセスが容易なこともあり、長期にわたってデータを収集、調査する必要がある研究テーマに挑戦することも可能です。例えば、今年のグローバル探究コースの中2は、手賀沼の上流から下流の計5カ所に採水ポイントを設定し、3カ月ごとに採水、水質調査をしています。結果を過去のデータと比較するほか、「古都の教室」（11月）で京都・奈良を訪れる際には、琵琶湖疏水《そすい》で採水をし、手賀沼と比較する取り組みも予定しています。

また、自然豊かな手賀沼周辺地域には、大正期を中心に多くの文化人が集いました。志賀直哉もその1人で、1919年に発表した『流行感冒』には、当時の地域の様子が活写されています。探究学習ではそこから具体的な場所を特定、当時と現在の地図を見比べながら町探索を行い、100年間で町がどのように変化したのかを記録、考察しています。

このような地域の資源、文化を利用した探究活動について、グローバル探究委員会委員長の森寿直先生は、「生徒にとって身近な手賀沼ですが、知らない面もまだたくさんあるでしょう。こんなに身近な手賀沼

「沼の教室」で導水施設を訪れている様子。生徒は身近な自然に注目することを通して、しだいに地球規模の環境問題にまで視野を広げていくようになります。

校舎の近くに田んぼを借りて、田植え・稲刈りを体験する「田んぼの教室」。秋には収穫祭を行い、自分たちで作ったお米を炊いて、みんなでいただきます。

「雪の教室」では、2泊3日でスキー研修を実施。スポーツを楽しむ心を育むとともに、冬の山の大自然に触れます。雪の結晶観察等も実施します。

中2の11月には、「古都の教室」として奈良・京都研修旅行が行われます。入念な事前研修を行い、研修旅行後には成果を発表します。

でさえ、深く知るためには、理系的なアプローチ・文系的なアプローチの両方が必要になります。文理かかわらず普段の授業を大切にしてもらい、そのうえで、授業で学んだ知識が問題解決の糸口となったり、興味を深める術《すべ》となったりする感覚を掴んでほしいです」と話されます。

探究学習を土台に 興味関心を追究していく

「自問自答プログラム」での経験を通して、自ら調べ、学ぶ楽しさを知っていく二松学舎柏生。中3では3年間の集大成として探究論文「自問自答」を執筆し、7分間のプレゼンテーションに挑戦します。研究テーマには「紙飛行機を遠くに飛ばすには」「AIで狂言をすることは可能なのか」「卓球の試合における行動と思考の関係性」などがあり、その分野の幅広さから、生徒それぞれが自らの興味に従って、自由に研究を行っていることがわかります。

もちろん高校進学後も、探究学習は続きます。中学時代の研究テーマをさらに深めていく生徒もおり、探究論文の研究を基礎として、高校でさらに独自にインタビューやアンケート調査を実施し、論文にまとめ、難関私立大学の総合型選抜で合格を勝ち取った生徒もいるのだそう。また昨年には、高2の生徒7名が制作した英字新聞が、「英字新聞甲子園」で準優勝を獲得しています。

「世界で起きているグローバルな話題を、柏市というローカルな場所から考えるという意味で『グローカル』という主題をつけ、1人1テーマで研究をしました。7名のうち5名は、中学時代にグローバル探究コースの前身であるグローバルコースに所属しており、中1からの5年間、熱心に探究学習を続けてきた生徒でした。教員の手助けがなくとも、生徒たちだけで次々と計画を立て、調査を進めていく様子を見て、私自身、探究学習を通して彼らが培ってきた興味関心や、物事を追究していく力をしみじみと感じました。

我々教員の役目は、生徒の知的好奇心を引き出す『種』を多く用意することだと思っています。体験学習として学外に連れ出したり、毎日授業で新聞の読み比べを行ったり、とにかく色々な経験を提供します。自分に合った種を見つけ、自分なりの探究の方法を身につけた生徒は、自走していきます。あとは我々はその様子を見守り、サポートへと徹します」と笑顔で話す森先生。自分の力で興味関心の幅を広げ、深めていく

手賀沼の水質調査の様子。水の透明度を比べたり、簡易測定パッチを使ってCOD（化学的酸素要求量）を測定したりします。

志賀直哉の『流行感冒』を題材に、小説での描写、当時の我孫子駅周辺の地図、現在の町の様子の3つを比較します。

中3では集大成として、全員が8000字程度の論文を執筆し、7分間にわたるプレゼンテーションを行います。

多くの教科で、アクティブ・ラーニング型の授業を展開する二松学舎柏。島田副校長先生は「生徒にはどんどん挑戦してもらい、ときには失敗しながら、自分の器を大きくしていってほしいです」と話してくださりました。

㊤中学では素読や暗唱、高校では㊧教員が制作したオリジナルテキストを用いて、『論語』に触れます。

入試体験会　要予約
11月3日(金祝)9:30～

学校説明会　要予約
11月11日(土)　11月23日(木祝)
両日とも9:30～
※11月11日(土)は第一志望入試、グローバル探究コース希望者向け

入試説明会　要予約
12月9日(土)9:30～
1月6日(土)10:00～
※詳細は学校HPでご確認ください。

すべての教室に電子黒板を完備。生徒全員がタブレット端末を持っており、普段の学習成果の記録や、校外学習での調べ学習に活用しています。

写真提供：二松学舎大学附属柏中学校（過年度のものを含みます）

経験を積んだ二松学舎柏の生徒たちは、高校、大学、社会人になっても自らの手で調べ、学び、歩んでいける人間へと育っていくのです。

6年間で学んだ『論語』がその後の人生の支えになる

このように、生徒の「自ら学ぶ力」を育成する二松学舎柏。伝統的に行われている「論語教育」も、その取り組みの1つです。『論語』を教材に、中学では始業前に漢文検定テキストの群読と暗唱、高校ではオリジナルテキストを用いた「論語探究」の授業で理解を深めます。

「『論語』は約2500年前に著されたものですが、そこに記された言葉や教訓は、現代でもまったく色あせません。『孔子の教えを理解するのは、中高生には難しいのでは』と言われることもありますが、まずは音読して、暗記してみるだけでいいんです。『論語』の言葉にはそれぞれ、20代になって心に刺さる言葉、40代だから共感できる言葉など、人生のときどきでその意味を理解できるタイミングがあると思います。6年間かけて『論語』に触れるなかで、孔子の言葉が自然と彼らに染みついていき、今後の人生で迷うことがあったときに、ふと思い出して、判断の軸にしてくれたら嬉しいです」と森先生は話されます。

中学の3年間は各クラスの担任が指導を担当するため、二松学舎柏に赴任してきた教員はまず『論語』の勉強をするのが慣習になっているそう。漢文検定の時期には生徒と教員で問題を出しあう光景も見られ、二松学舎柏にとって『論語』は、教員と生徒がいっしょになって向きあい、話題を共有する、コミュニケーションツールにもなっているのです。ともに学ぶ教員がそばにいるからこそ、生徒の学習へのモチベーションはいっそう高まるのでしょう。

最後に、島田副校長先生に、受験生へのメッセージをうかがいました。

「本校がめざすのは、『みんなが学ぶ学校』です。生徒はもちろん、教員も職員も、みんなが『学びたいこと』を持ち、それぞれの『やってみたい気持ち』を大切にします。生徒が将来、なにかを『学びたい』と思ったときに、自らの力で知識や考えを深めていけるように、本校では『種』を用意し、自分の足で走り出せるようになるまでいっしょに学びます。ぜひ、本校で『学ぶ楽しさ』を見つけてほしいです。自然に囲まれた柏の地で、みなさんをお待ちしています」（島田副校長先生）

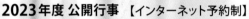

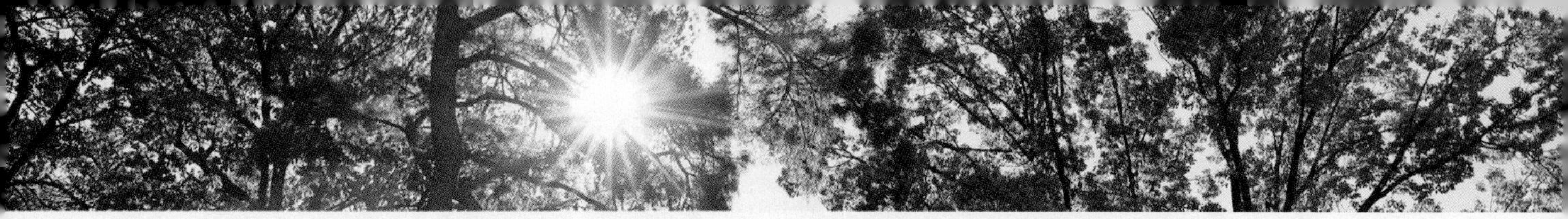

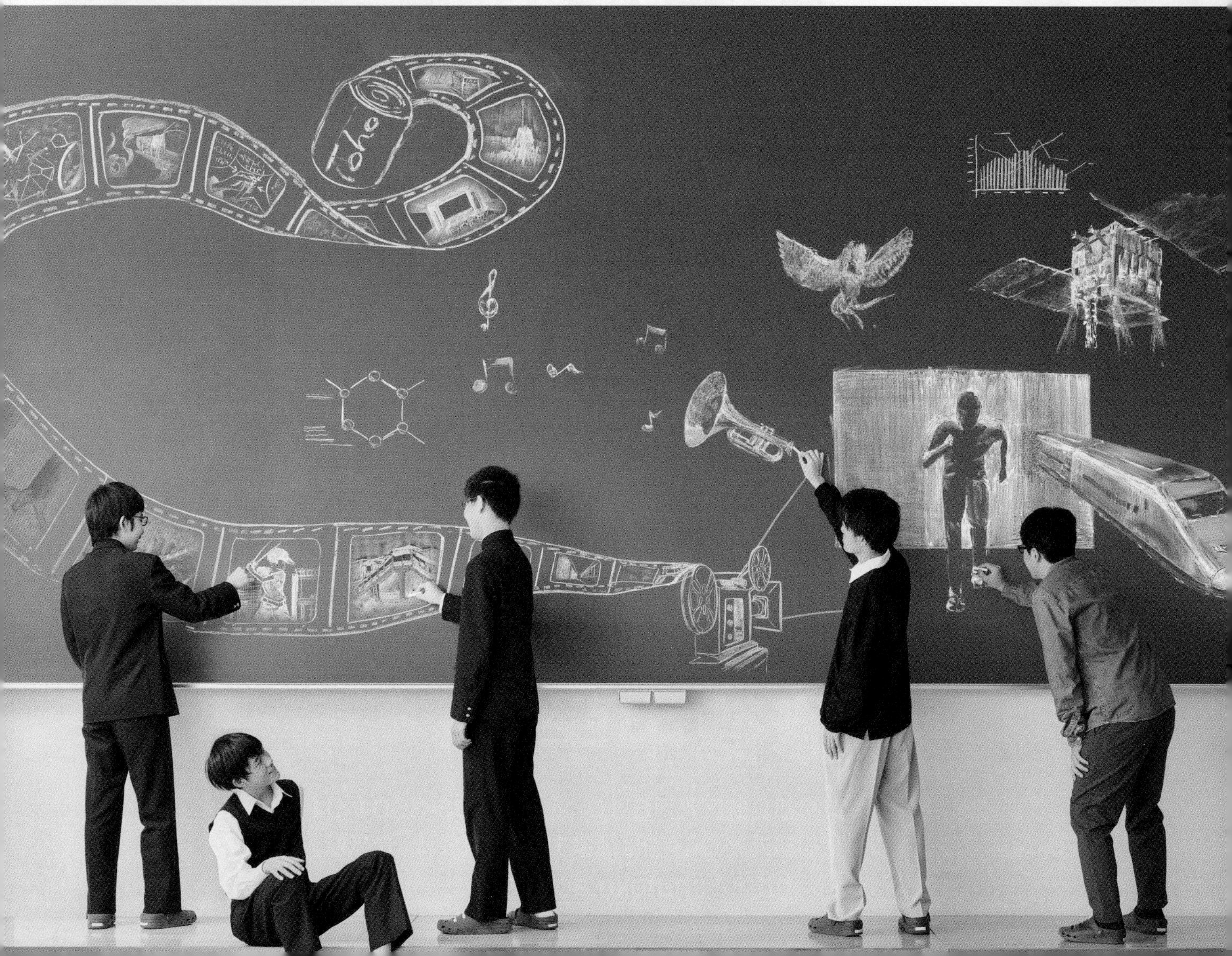

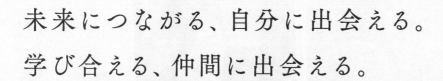

ウクライナの学生に折り紙などの日本文化を紹介

【タイアップ記事】

SCHOOLトピックス！

ドイツでの見聞を通じて世界に目を向ける
獨《どっ》協《きょう》中学校

男子校

本物に触れる体験が成長のきっかけに

人間教育や環境教育に力を入れる獨協中学校（以下、獨協）。多彩な教育のなかでも、大きな特徴、そして魅力となっているのが、ドイツとの深いつながりを活かしたプログラムです。

獨協は獨逸学協会学校として設立されたことから、現在でも同国との交流が頻繁に行われています。『サクセス12』２０２３年７・８月号で紹介したように※ＰＡＳＣＨのパートナー校としての取り組みもその１つですが、今回お伝えするのは、中３～高２の希望者を対象とした同校オリジナルのドイツ研修旅行です。

入試広報室長の坂東広明教頭先生は「ドイツ研修旅行のテーマは持続可能社会について考えることです。ドイツは世界的な環境先進国で環境教育が盛んです。またヨーロッパで最も多くの移民や難民を受け入れている国でもあります。参加した生徒たちは、現地の方たちとともに、環境問題について、そして文化的背景の異なる他者といかに共生・協働していくか、ということについて考えていきます」と話されます。

ドイツ研修旅行では、毎年ハノーファーを訪れています。ドイツの環境教育に触れるほか、ケーテコルヴィッツ・ギムナジウムの学生の家にホームステイをしながら、いっしょに学ぶ機会を得ています。

「今年４年ぶりに同校を訪れてみると、ウクライナから逃れてきた学生たち27名がともに学んでいました。ロシアによるウクライナ侵攻のニュースは本校の生徒たちもよく見聞きしているはずです。しかし、日本にいると地理的な距離もあって、自分たちの問題としてとらえることはなかなか難しいと思います。今回、祖国から逃れてきた学生たちと直接向きあうことで、その争いについて改めて深く考える必要がある、と生徒たちも強く心に刻んだようです」（坂東教頭先生）

ケーテコルヴィッツ・ギムナジウムでは、獨協生とウクライナの学生たちとの交流会を企画して、彼らに参加を呼びかけてくれました。

「ただ、参加してくれたウクライナの学生は２名だけでした。ドイツ政府は難民政策の一環として、彼らのために無償のドイツ語教室を開設し、教育の機会も保障しています。しかし、否応なく祖国を去ってきた学生たちにとっては、ドイツに逃れてきて、ドイツ語を学び、ドイツで教育を受けている、という状況そのものが、非常に複雑な感情を抱かせることにもなっているのではないでしょうか。生徒たちには、そうした学生たちの思いにも想像をめぐらせてほしいです」と話される坂東教頭先生。

今回、難民にかかわる状況を目の当たりにした生徒たち。そこで感じた思いは実際に現地で人々と交流したからこそのものです。この経験をきっかけとして、世界的な課題に向きあう力が、獨協生のなかに生まれています。

School Information

所在地
東京都文京区関口3-8-1

アクセス
地下鉄有楽町線「護国寺駅」徒歩8分、地下鉄有楽町線「江戸川橋駅」徒歩10分、地下鉄副都心線「雑司が谷駅」徒歩16分

TEL
03-3943-3651

URL
https://www.dokkyo.ed.jp/

学校説明会 要予約
11月12日(日) 10:00～12:00
12月17日(日) 10:00～12:00
1月7日(日) 10:00～12:00

入試問題説明会 要予約
12月17日(日) 10:00～
オンデマンド配信
※実施の有無、内容はHPでご確認ください

※PASCH（パッシュ）…ドイツ外務省がドイツ語を教える学校を支援する取り組み

城北《じょうほく》中学校・高等学校（男子校）

それぞれのニーズに合わせて選べる 生徒の期待に応えるグローバル教育

城北中学校・高等学校のグローバル教育では、生徒の主体性が大切にされています。そこには、ただ単に英語力アップだけをめざすのではなく、将来に活かせる経験にしてほしいとの思いが込められています。

目標を持って臨み 自らの成長につなげる

生徒1人ひとりと向きあい、丁寧に指導する教育が魅力の城北中学校・高等学校（以下、城北）。様々な取り組みのなかから、今回はグローバル教育についてお伝えします。

国際教育委員会委員長の小松原邦信先生は、その狙いを「海外の文化や、そこで暮らす人々に興味を持つきっかけにしてほしいですね。本校だからこそできる『城北カラー』のグローバル教育を提供したいと考えています」と話されます。そうした思いから、希望者を対象に4つのプログラムを展開しています。

国際教育委員会委員長
小松原《こまつばら》 邦信《くにのぶ》先生

「イングリッシュ・シャワー」は、生徒5、6人とネイティブスピーカーの講師でグループを作り、英語のみを使って様々なレクリエーションに取り組みます。校内で行われるため、気軽に参加できるのが魅力です。

「日本を飛び出して英語力を磨きたい」と考える生徒には、ホームステイをしながら大学のキャンパス内で英語を学びつつ、現地の学生とも交流する「オーストラリア語学研修」や、宿舎に宿泊し、現地講師とのマンツーマンレッスンでスピーキング力を徹底的に鍛える「春季セブ島上級語学留学」（選抜試験あり）が用意されています。

さらに「異文化のなかに身をおき、海外の同世代と触れあいたい」と意欲を燃やす生徒は、4カ国から行き先を選べる「ターム留学」（選抜試験あり）に挑戦できます。

なお、イングリッシュ・シャワー以外は事前学習を複数回実施。コミュニケーション力を高めたり、その土地の文化を学んだりと、どの回も現地での生活を意識した内容です。

帰国後は、自らの体験をレポートにまとめるとともに、保護者の前で発表を行います。「それぞれに感じるものがあり、成長につなげられたのだと、発表を聞いてわかりました。その姿がとても頼もしかったです」と嬉しそうに話す小松原先生。

生徒が自分に合ったものを選択できるよう、特色の異なるプログラムをそろえる城北のグローバル教育。「生徒個々に合わせた教育を」という同校の思いが感じ取れます。

「大切なのは目標を持って、自分の意思で臨むことです。どの生徒にも必ず輝ける場、個性を発揮できる場があります。それは語学研修なのか留学なのか……。検討した結果、参加しないという選択肢を選んでも間違いではありません。自分と向きあい、しっかりと考えて行う取り組みは、どれも必ず将来に活きるはずです」（小松原先生）

School Information

所在地：東京都板橋区東新町2-28-1　アクセス：東武東上線「上板橋駅」徒歩10分、地下鉄有楽町線・副都心線「小竹向原駅」徒歩20分
TEL：03-3956-3157　URL：https://www.johoku.ac.jp/

城北カラーのグローバル教育

「部活動と両立できるように国内で」「現地校の授業を体験したい」など、
ニーズに合わせて選べる４つのプログラム。みなさんならどれに参加したいですか？
ターム留学に挑戦した先輩の声もご紹介します。

ターム留学

対象：高１　人数：10人程度　期間：３カ月（高１の３学期）
場所：アメリカ、カナダ、オーストラリア、ニュージーランドから選択

様々な人と英語で交流し 人生の幅が広がった

高2 川口《かわぐち》 瑛司《えいじ》さん

Q参加動機、行き先を教えてください。

外資系の企業で働きたいという夢に向けて、英語のコミュニケーション力を鍛えるために参加しました。行き先はカナダです。カナダは、自然豊かな国で、治安もいいので留学生が多いです。カナダ人だけでなく、タイ人やブラジル人、ドイツ人の友だちもできました。

Q現地での生活はいかがでしたか。

城北で事前研修を受けていたので、スムーズに溶け込むことができました。まず語学学校で英語力を鍛えてから現地校に通うプログラムだったこともよかったのだと思います。

はじめのうちはクラスメイトが話すスピードについていけずとまどいましたが、彼らが気にせずにどんどん話しかけてくれたので、すぐに慣れました(笑)。

現地校で受けたのは数学やプログラミング、デジタルアートの授業です。デジタルアートは写真をパソコンで加工しイラスト調にするなど、日本では見かけない科目で新鮮でした。

Qターム留学参加後、川口さんのなかで変化はありましたか。

城北にいるネイティブスピーカーの先生とよく話すようになりました。カナダに留学して英語を身近においたら、英語はコミュニケーションツールだと改めて実感したんです。

Q読者にメッセージをお願いします。

海外に行くと、いま見えているものがすべてではない、色々な選択肢があるのだと気づき、人生の幅が広がります。城北は留学も含め、生徒のやりたいことを応援してくれる学校ですよ。

留学先のカナダで撮った街の様子

説明会情報

学校説明会　要予約
11月４日(土)

入試説明会　要予約
11月23日(木祝) 11月26日(日)

体験授業　要予約
11月４日(土) 算数
11月11日(土) 国語(YouTube)
11月18日(土) 情報

少人数制 ショート学校説明会　要予約
12月23日(土)　12月24日(日)
１月27日(土)

※詳細は事前に学校HPにてご確認ください。

イングリッシュ・シャワー

対象：中１～高１　人数：定員なし
期間：３日間（夏・冬・春休み）　場所：校内

最終日にはプレゼンテーションやディベートを実施

オーストラリア語学研修

対象：中３、高１　人数：各40人　期間：15日間（夏休み）
場所：オーストラリア・ゴールドコースト

研修場所は留学生を多く受け入れているグリフィス大学

春季セブ島上級語学留学

対象：高１、高２　人数：計20～30人
期間：15日間（春休み）　場所：フィリピン・セブ島

自然に囲まれながら１日７コマのレッスンで英語力アップ

ようこそ

サクセス12図書館へ

小学生のみなさんにおすすめの本を紹介するコーナー。
本が好きな子も苦手な子も楽しんで読める本を探してきました。
自分に合った本を見つけて読んでみてください。

あこがれの
チョコレート工場へ
招待されて……

「ロアルド・ダール コレクション2 チョコレート工場の秘密」

●作：ロアルド・ダール
　絵：クェンティン・ブレイク
　訳：柳瀬尚紀 訳
●1,320円（税込）
●評論社

チャーリーの町にあるチョコレート工場は、世界一有名。でも、働く人たちの姿をだれも見たことがない、ナゾの工場！　そこへ5人のこどもたちが招待されることになった。そして……？　国際アンデルセン賞画家クェンティン・ブレイクの軽妙洒脱《けいみょうしゃだつ》な挿画《そうが》、柳瀬尚紀による新訳で贈る新シリーズです。

のれんは静かに
ぶらさがっている。

「あずかりやさん」

●著：大山　淳子
●682円（税込）
●ポプラ社（ポプラ文庫）

あずかりやさんって、しあわせなときには見えないのかな。一日100円でなんでも預かってくれる「あずかりやさん」。小学生の女の子が持ってきた封筒、男子高校生が毎日預けていくピカピカの自転車……。「あずけもの」にはどれも、小さな、でも大切な秘密がある。1編ごとにその秘密が解き明かされていく、切なくも心温まる連作物語。

「ぼくは イエローでホワイトで、ちょっとブルー」

保護者の方に
おすすめ

●著：ブレイディみかこ
●693円（税込）
●新潮文庫刊

貧富の差や人種差別、ジェンダーの問題。そんな大きな困難は、簡単に解決できない……なんて言っていられない！　イギリス在住の著者とその息子にとって、それらの問題は「今乗り越えなくてはいけない困難」。母と息子はそれぞれに考え、悩みながらともに成長していきます。思春期の息子を見守る母の視点で描かれた、等身大のノンフィクション。

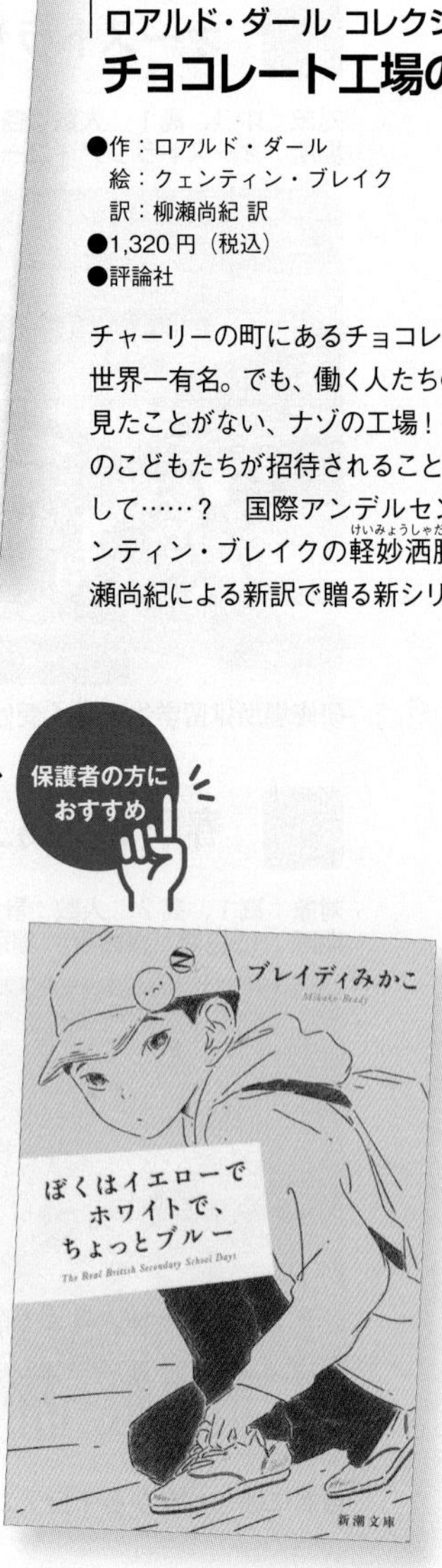

世界の縮図のような日常で、
母と息子は今日も奮闘！

科学者たちの原点を
よりわかりやすく！

動物園《どうぶつえん》に持《も》っていくと、
きっともっと楽《たの》しくなる！

「どうぶつえんガイド」

●作：あべ 弘士
　絵：あべ 弘士
　デザイン：なかの まさたか
●1,760 円（税込）
●福音館書店

低学年の方に
おすすめ

動物園で出会える41種《しゅ》の動物《どうぶつ》たちを、ダイナミックな絵《え》と、細《こま》かい動物の特徴《とくちょう》を添《そ》えて紹介《しょうかい》。北海道《ほっかいどう》旭山《あさひやま》動物園で、25年間《ねんかん》飼育員《しいくいん》として働《はたら》いていた著者《ちょしゃ》ならではの視点《してん》で描《えが》かれます。まるでガイド付《つ》きで動物園を回《まわ》っている気分《きぶん》になるので、動物園に持《も》っていくのもおすすめです。

「ロウソクの科学
世界一の先生が教える
超おもしろい理科」

●原作：ファラデー
　文：平野累次
　文：冒険企画局
　絵：上地　優歩
●748 円（税込）
●KADOKAWA／
角川つばさ文庫

ノーベル賞を受賞した吉野彰氏・大隅良典氏が子どものころに影響を受けた作品として注目を集めた『ロウソクの科学』を、小学生向けにわかりやすくした1冊。科学者・ファラデーが子どもたちに見せた、ロウソクを使った24の実験を、イラストと物語でやさしく解説します。楽しくて面白い、理科実験の入門書です。

誰かと出会うって、
ステキなことだね！

たくさんの絵画を
鑑賞《かんしょう》できる本！

「ぼくはアフリカにすむ
キリンといいます」

●作：岩佐めぐみ
　絵：高畠純
●1,100 円（税込）
●偕成社

「小学館の図鑑NEOアート
図解
はじめての絵画」

●監：青柳正規
●2,970 円（税込）
●小学館

見開きごとに、動物、モンスター、クイズ形式など、子どもの興味をひくテーマで名画を紹介。時代や作者にとらわれない、自由で楽しい絵画の見方を学べます。

「絵画をもっとよく知ろう」では絵を描くとき、見るときの約束事を、「素材と技法」では画材や技法について、「美術館に行こう」では美術館の役割を紹介します。

「地平線のむこうで、さいしょにあった動物に、わたしてほしいんだけど」。1頭のたいくつなキリンが、郵便配達をはじめたペリカンに手紙をあずけました。受け取ったのはクジラ海にすむペンギン。お互いの姿もわからないまま、へんてこな文通が続いていき……。知らない誰かに出会いたくなる絵本です。

ココロとカラダの特集

夢を持てる子、持てない子

「子どもには夢を持って欲しい」と親は思いがちです。しかし、本当に夢を持つことが大事なのだろうかと臨床心理士の的場永紋さんは言います。そもそも、夢とはどういうものなのでしょうか。いまは子どもが夢を持ちにくくなっている時代なのかもしれません。的場さんに夢を持てる子、持てない子、それぞれに、どう対応すればいいかを語ってもらいました。

イラスト／宮野耕治

子どもを伸ばす子育てのヒント

CASE 57

的場永紋
まとば・えいもん
臨床心理士、公認心理士。心のサポートオフィス代表。東京都スクールカウンセラー、埼玉県の総合病院小児科・発達支援センター勤務ののち、心のサポートオフィスを開設。子どもから大人まで幅広く心理支援を行っている。
[心のサポートオフィス]
https://kokoronosupport.com/
LINE ID:@408kdsdd

子どもが夢を持つのを大人は期待するもの

大人はよく、子どもに夢を持って欲しいと期待するものです。学校では「将来の夢」をテーマにした学習がたくさんありますし、親が子どもに「夢は何かあるの？」「将来したいことは？」と聞くことも多いと思います。しかし実は子どもは、大人から「将来の夢は？」と度々聞かれることにうんざりしています。「これが夢だ」と言えることがない子どもにとっては、なおさらです。そういう子は、とりあえず見聞きしたことで、多少なりとも興味のある職業を言うかも

「夢があること＝良いことだ」
という思い込みや幻想

▼

子どもにとっては厄介

夢＝職業（仕事）として
とらえることが多い

↓

今の時代は
職業があまりにも
多種多様

＝

将来の職業の
イメージが
湧かないのは当然

しれません。「別にない」と正直に答えればよいのでしょうが、「何か答えないといけない」「夢がないとダメなんだ」と感じてしまう子も多いのです。本当は、夢がないことは悪いことではありません。夢がなくても問題はないのです。しかし、親の側が「夢があること＝良いことだ」という思い込みや幻想を抱きやすいので、子どもにとっては厄介なのです。

そもそも、夢とはいったい何でしょうか。一般的には夢＝職業（仕事）としてとらえることが多いと思います。そこで子どもたちは今まで見聞きした職業から夢を選ぶことになります。今、夢中になってしていることがあれば、それを職業にしたいと語ることが多いでしょう。しかし、実際には子どもたちが見聞きできる職業は限られており、世の中には子どもたちが知らない職業がたくさんあります。今の時代は職業があまりにも多種多様になっていること、さらに、新しい職業が次々と生まれてくることもあり、自分の将来の職業のイメージが湧かないのは当然です。ですから、夢＝職業（仕事）と捉えて、夢が抱けないのは当然のことだと思います。

その中でも夢を持って、それに向かって自ずと頑張れている子は、以下のような特徴があります。一つ目は、「自分のことは自分で決めて良いのだ」と思えていることです。そうなるためには、親が子どもの主体性を尊重して、子ども自身で決める機会を増やしてあげることが必要です。自己決定を尊重してもらえることで、自分の人生・進路は自分で決めていいのだと思えるようになっていきます。自らの夢を追いかけて良いのだと思えるようになります。

親が、その子らしさ（個性）を、子どもと共有できているかどうかも大切なことです。個性は、何か人と違う特別な能力といった大げさなものではなく、子ども自身の好きなこと、嫌いなこと、興味関心のあること、あるいは推している人・物なども個性といえます。それらの話を親が子どもに聞かせてもらい、共有することで、子どもは自分自身の感覚を信じていくことができます。逆に、子どもが好きなことや興味関心のあるものを否定されてしまうと、自分の抱く感情や感覚を信じられなくなってしまい、夢を思い描けなくなってしまいます。

夢は将来の職業だけにとらわれなくてもいい

自分らしくあっていいと思えて、さらに、「自分はやればできる！」という思い（自己効力感）を抱けていることによって、たとえ困難な道のりでも、努力を積み重ねていくことができます。逆に自己効力感がないと、せっかく夢を見つけたとしても、「自分にはどうせ無理だ」とあきらめてしまうことが多くなります。子どもが自分自身を信じられるように、親がまずは子どもを信じる姿勢を持つことが必要です。子どもが頑張ったり、挑戦したりしたときには、結果がどうであれ、その頑張りや挑戦を認めてあげることが大切です。

親が頑張る
非難する

また、「自分が生きている世界（社会）に対してどのような考えを抱いているか」も、夢に向かってチャレンジするかどうかに影響を与えます。自分が望むことが実現できる世界観があるか、あるいは、どうせ何をやっても実現できない世界だと認識しているか。この違いはとても大きなものです。また親自身は、どのような世界観を持っているでしょうか。親が「どうせ何をやっても夢は実現できない世界だ」、「弱肉強食の世の中で自分の思い通りの人生なんか歩むことはできない」と認識していれば、子どももその世界観を学ぶでしょう。

子どもが早くから夢を抱いている場合、親は見守って応援していれば良いでしょう。気をつけたいのは、親はあくまでも応援するサポーターであり、親自身がプレーヤーではないということです。親の方が、子どもの夢を実現させたいと必死になっているときは、要注意です。「子どもを思い通りにコントロールしようとしていないか」「子どもに自分の期待を押しつけていないか」を、時々振り返ってみることが大切です。

親が自分の失敗や挫折を子どもの人生で取り戻そうと、自分の夢を子どもに負わせてしまうことがあります。その場合は、「子どもの人生の主人公は子どもである」と改めて考える必要があります。親が子どもを利用するのではなく、親自身で自己実現していくことが重要なのです。

思春期になると、中学・高校へと進む中で、夢をあきらめたり、他に移ったりすることもでてきます。それも大人になっていくために、大事なプロセスといえます。親がいつまでも、子どもの昔の夢にこだわらないことも必要です。

一方、夢がない子の場合、心配になる親御さんもいるかもしれませんが、心配する必要はありません。夢を持つよう、プレッシャーをかける必要もありません。くれぐれも、「なぜ夢を持てないの」などと非難しないでください。もし子どもが夢を語らなければ、大人は「じゃあ、何をしたいの？」「何が好きなの？」とあきらめきれずに聞きたくなるかもしれません。そうではなく、そういう子どもの気持ちを、そのまま認めることが大事です。

好きなことを仕事にしてほしいという期待は、親が子どもに抱きやすい期待の一つです。子どもにとっては、好きなことはたくさんあって一つにしぼれないこともあるでしょうし、返答に困る厄介な質問です。「好きなことを仕事にしてほしい」という親の期待を察知している子は、「仕事にするほど好きではないから・・・」と答えに躊躇する場合もあるでしょう。職業に限らず、現代は、子どもにとって興味関心を抱かせるものにあふれています。だからこそ、自分が本当に好きな物は何で、本当は何をしたいのか、わからなくなるのは当然といえます。

そもそも夢は、将来の職業（仕事）だけにとらわれて抱く必要はありません。職業や仕事は、あくまでも何かを実現するための手段

ココロとカラダの特集

子どもを伸ばす子育てのヒント
CASE 57

応援する 認めてあげる

に過ぎません。何のためにその職業につくのかが、本来は重要なはずです。例えば、弁護士や医者になって、人の役に立ちたいといったことかもしれませんし、学者や研究者になって、探究心や知的好奇心を満たしたいのかもしれません。「何を大切にして生きていきたいか」という背後にある気持ち、人生において自分が何に「価値」を見出すかが大切なのです。

子どもは大人と違って「今この瞬間」を楽しむ

「人生において何を大切にしていきたいのか」といった価値は、職業（仕事）の領域だけに限りません。自分の「趣味やレジャー」を楽しみたいといった夢もあるでしょう。他にも、「家族」を最も大切にしていきたい人もいれば、友達など「交友関係」を重視する人もいます。「自分の成長」に喜びを見いだす人もいれば、「社会」をより良くしていくことに価値を見いだす人もいます。ただのんびり過ごしたいということに価値を見いだす人もいます。自分の人生をどのように歩んでいくかは、個人の自由です。自由だからこそ、迷うものでもあります。多様な生き方が選択できる現代だからこそ、ある意味、夢が見つからずに、どの方向に進んでいけば良いのかがわからないまま、とりあえず周りに流されながら生きていくことも多いでしょう。

親はどうしても、先の未来を見据えて、将来のために今のうちから何かをやらせないといけないと考えてしまいます。しかし、子どもは大人とは違い、「今この瞬間」を生きています。将来のことを考えずに、「今この瞬間」を楽しむことが子どもの特権ともいえます。親は焦らずに、見守ってあげればいいでしょう。

具体的な夢にしろ、人生における価値にしろ、子ども時代に見つけられる子は少ないと思います。高校生以降の青年期にかけて、悩んで模索していくものです。それまで、気長に待つ余裕を持っていたいものです。そして、子どもが夢を持てるようにするには、子どもが未来に希望が抱けているかどうかがとても大事なことになります。希望を持てるような社会にしていくことが、大人に課せられた大きな仕事だと思います。

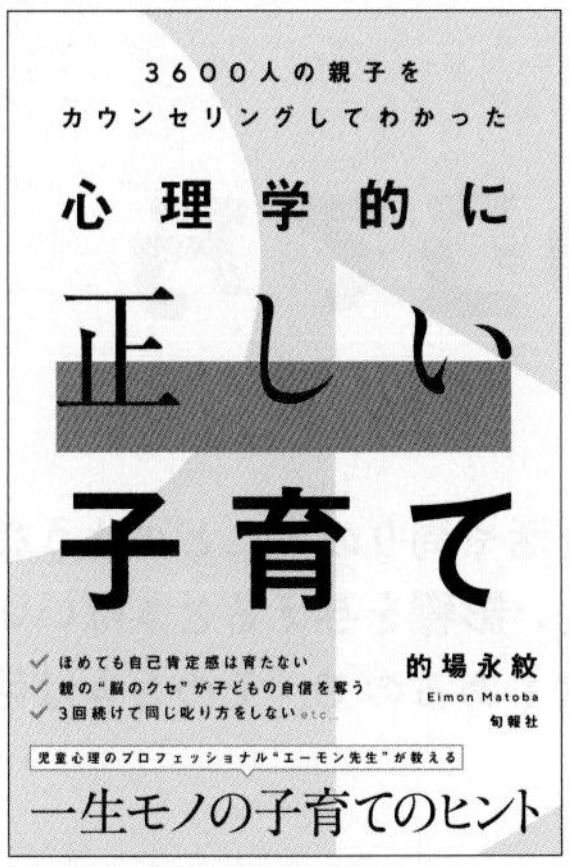

3600人の親子を
カウンセリングしてわかった
心理学的に正しい子育て

この欄で連載してきた的場永紋先生の記事が本としてまとまりました。特にもう一度皆さんに読んでいただきたい内容を、選りすぐって編集してあります。是非、手に取ってみてください。
旬報社 発行　248ページ
定価：本体 1500円（税別）

目標をいつもうまく達成することができません

「頑張っているのに、目標をいつもうまく達成することができません。目標をしっかりと意識しなさいと言われるけども…どうしたらいいでしょうか。」（小5女子）

アドバイス

自分なりに頑張っているのに、うまくいかないのは、嫌ですよね。そのようなときは、**がむしゃらに頑張るのではなく、「適切な目標が立てられているか」を検討してみることが必要です。**うまく達成するためには、ただ、頑張るだけでなく、より実現可能な目標を立てて、取り組むことが大切になります。

好ましくない目標の立て方として「死人のゴール」と「感情のゴール」があります。

「死人のゴール」とは、「〇〇しない」「〇〇したくない」といったものです。例えば、「しゃべらないこと」、「ただ机に向かって座ること」といったことは動かない死人ならできる目標です。しかし、生きようとする人間には難しい目標になのです。

「感情のゴール」とは「一生懸命頑張ろう」「不安をなくそう」「うれしくなろう」など感情についての目標です。しかし、感情のコントロールなど、簡単にできるものではありません。そうしようとすると、ますます、マイナスの感情にとらわれてしまいます。

目標は、外から見て、達成できたかどうかが把握できて、具体性があるものがいいのです。下に、7つのポイントをあげたので、それに沿って、より良い目標を掲げてみてください。もちろん、**ただ目標を掲げただけでは意味がないので、毎日コツコツやっていくことが大事ですね。**日々の努力の積み重ねが目に見える形で把握できると、やる気も保ちやすくなります。

子どもの本音

しっかり達成できる目標の立て方

3 自分自身だけでやること

他の人が何かすることが必要ではなく、自分だけでできて、自発的に行動できることを考えましょう。

4 現実的で達成可能なこと

目標があまりにも大きすぎても、達成できません。目標のサイズを小さくしていくことが大切です。「達成するためには何をすればいいのか」を考えていき、実現可能な、より小さく、シンプルな形にしましょう。

5 影響をチェックする

目標が達したときに、あなたの生活や周りの人にどのような影響が及ぶかを考えましょう。より良い影響を与えるときはいいけども、悪い影響を与えてしまう場合もあるので、そのときは目標を検討し直すことが必要です。

6 自分にとって重要なことである

人から言われたことではなく、自分にとって大切で、情熱が抱けることを目標にしましょう。

7 目標の先にある目的を見失わないこと

目標の先にある、「なぜそれを達成しようとしているのか」という目的を忘れないようにしましょう。

ココロとカラダの特集

的場永紋先生の

親の悩み

親が子育てに悩んでいるとしたら、
子どもにも、不満や悩みがあります。
このコーナーではその親の悩みと
子どもの本音の両方に対して、
的場永紋先生が臨床心理士の立場から
アドバイスします。

小6の息子に 完璧を求めてしまい、 つい口出しをしてしまいます。

アドバイス

子どもに完璧を求めてしまうと、うまくいっていないこと、些細なミスや失敗ばかりが目につくようになってしまいます。こうあってほしいという期待も高くなります。子どもが期待通りの行動をしないときにイラついたり、不満に感じれば、当然、注意や叱責も多くなってしまうでしょう。**小学校高学年になり思春期に入ると、親からの過干渉を嫌い、うとましく感じるようになります。**子どもの成長とともに、過干渉を控えるようにしないと、反発や反抗を強めてしまいます。

子どもに完璧を求める背景には、親自身に完璧主義の傾向が強いことがあります。そういう親は結果を重視しがちで、子どもにも完璧な結果を求めてしまうのです。子育てに完璧主義を発揮してしまうと、子どもとしては常に監視されているように感じて、親子関係に悪影響を与えてしまいます。

親として、子どもに期待することは当然ですが、あくまでも子どもの実態に合って、本人の希望に添ったものでありたいものです。子どもの実態に合っていない完璧像を求めてしまっていたら、親自身が抱いている子どもの完璧像を手放していく必要があります。思春期にこそ、子どものあるがままの姿を認めて、受け入れていくことが求められます。それは、ある意味、子どもへのあきらめでもあり、親にとって喪失体験になるかもしれません。しかし、それは**子離れ、親離れをしていく上で大切なことであり、それによって子どもは自立に向けて歩みを進めていけるようになります。**

親の方は、子どもばかりに注目しないで、親の役割以外の役割を見出していくことが大事になっていきます。

1 できるだけ具体的な形にしよう

「どこで、いつ、何を、どのように」行うのか、掲げている目標を見れば誰もが同じようにできるように、具体的な行動で表現しましょう。目標が達せられたことが誰にでもわかる形になっていることが大事です。

2 肯定的な言葉で表現しよう

「〜しないこと」「〜がなくなること」など、否定形で表現するのではなく、実現したいことを「〜すること」と肯定形で表現しましょう。

関係を育む方法

5 先生から学ぶことって

**ドラえもんでわかるシリーズ、
今回のテーマは人間関係についてです。
子どもは周りの人との付き合いを通じて、
人間関係の大事さを学んでいきます。
親、きょうだい、友だち、先生、
祖父母といった人たちから子どもは
どういう影響を受けるのでしょうか。
5回目は先生の登場です。**

文／齋藤修司　臨床心理士、公認心理師。
都内にカウセリングルームを持っている
イラスト／土田菜摘

昭和と令和では先生が違って当然

『ドラえもんシリーズ』と銘打っているのに大変恐縮ですが、筆者にとって先生と言えば坂本金八です。…ん？誰？と思ったお母様お父様、お若いですね。3年B組と言えば分かるでしょうか。すぐに分かった方、筆者の年齢と大差ないのでしょう（笑）。

金八先生、意外にも定年退職は2011年と割と最近、32年間もの間、理想の先生として活躍していました。がしかし、金八先生が令和の世の中に現れたら大変です。理想どころか懲戒処分の対象です。

何せ、今はなき家庭訪問の際に喫煙したり、生徒と自転車の2人乗りをしたり、ときには体罰をしたりと、いくら熱い情熱で生徒を送り出しても、完全にアウトな所業です。日本で最も知名度がある先生ですから、メディアの格好の餌食でしょうね。

しかし当時はそれで良かったのです。先生は時代の社会規範、道徳、価値、そうしたものを体現する、いわば社会そのものですから、時代が変われば先生のあり方も変わる、昭和と令和では先生が違って当然です。

先生に出会ったとき、大人なら「あの先生の言うこと微妙」のような判断ができます。所属した他の社会集団、企業とか地域の集まりなど、比較対象があるからですね。内心「違うな」と思っても表面上合わせる位の社会性もあります。

しかし、子どもは親以外にほぼ初めて出会う、長く関わる社会的な存在です。比較対象は親だけ、「あの先生の言うこと微妙」かどうか本質的には分かりませんから、そうした中で様々なことを学習します（してしまいます）。

ドラえもんでは、先生といったらのび太のクラスの担任ですね。「廊下に立っとれー！」と、今ではなかなか耳にしないセリフが口癖ですが、曲がったことが嫌いで基本的に厳格です。

これ、あまり知られていないのですが、のび太ジャイアンスネ夫の町は治安が最悪です。強盗、ひき逃げ、誘拐、警察を装う犯罪者など、ジャイアンやスネ夫もカツアゲ被害に遭っています。一つの町でこれだけ生じるのは、ちょっと考えられません。

しかし、悪さこそすれ基本的に彼らは犯罪に手を染めず、学生時代も荒れていた描写は私の記憶の限り、ありません。朱に染まれば、という言葉がありますが特にジャイアンがこの町で不良にもならず将来、大成したのは、凄いことだと思います。

これは、先生のお手柄でしょう。これだけ危ない町ですからね、悪者と絡む機会もあったことでしょう。しかし、悪いことはダメ、正しい行いをしなさい、そうした先生の価値観を吸収し、犯罪者との

**先生と子どもは
規範や
価値観が違う
＝
葛藤が
生まれる
≫
それへの
耐性がつく**

ドラえもんでわかる
子どもの人間

関わりを深めなかったのだと思います。

しかし、してしまった学習もあります、「宿題をやって来ないとぶん殴る」という暴言はそのままジャイアンに、「野比は間違いだらけでも全部やってきたのはえらい」と一言多いのはスネ夫に引き継がれている気がします。

葛藤しつつ関係が続いていくことに

子どもはこうして先生から社会規範、価値観を獲得します。先生たちにも個性がありますから、多くの先生と関われば多くの社会規範、価値観に触れることになります。そうした方が幅に広がりが出そうですが…実はそうとは限らないのですね。

なぜかといいますと、既存と新規の価値規範があって度々バッティングするからです。例えば、のび太の先生は出木杉の「いらっとさせるけど正しい言動」を許していますが、坂本金八なら「おまえさ、そういうとこなんだよ」と突っ込んできそうですよね。

これは、既存と新規の規範や価値観の葛藤場面です。大人の世界にもありますね、転職したら前職の文化と異なる、色々な状況で「そうじゃないだろう〜」と葛藤するじゃないですか、そうしたことが先生と子どもの関係にも生じるのです。

親としては子どもにいろいろ取り入れてほしいですが、何でも取り入れればいいわけでもない、たとえば「悪いことしたら殴られても当然だよな」と体罰する先生に慣れれば子どもも殴る側にまわるかもしれないでしょう。

そんなとき、「じゃあ転校するか」も一つの選択肢ですが、友だち関係と違って先生との関係は社会そのもの、すぐには離れられません。「悪いことしたら殴る」なら環境改善を図れるかもしれませんが、「ああ、それは…どうにもならない」だってありますよね。

この場合、少なくともしばらくの間は葛藤を抱えたままでしょう。そして、耐えたり、意見を伝えたり、新たな規範を取り入れたりと色々と試してみますが、折り合うこともあれば、「合わなかったなぁ〜」で終わることもあります。

でも、実はこの葛藤しつつ関係が続いていること自体が大切です。合おうが合わなかろうが、継続させるのが前提の関係ってたくさんありますよね、合わない上司と部下、価値観の異なる義理の親、そういう解消できない葛藤を抱えることに耐性がつくのです。

ですから親は、子どもが先生との関係で既存と新規の規範や価値観の葛藤を体験しているなら、見守ってあげましょう。体験しているだけで頑張っているのです、先生への文句の一つも言ってきたら制さず受け止め、「頑張っているね」と労うぐらいが良いと思います。

ところが、子どもの規範、道徳、価値観は、元をたどれば親からの学習が最初です。子どもと先生が合わない場合、大体親とも合いません。そうして親も、「確かに、あの先生はないわよね」とつい否定してしまいます。すると、子どもは益々先生のことが嫌いになって葛藤が増し、余計に苦しくなります。まさかそうなるとは思わず同調したのですが、結果的に子どもを苦しめます。気をつけましょう。

できれば、合わない中にも「こういう見方をすると良さもあるね」と異なる見方を提示したり、「こんなところは同じ思いなのかもね」と共通する部分に気づかせてあげたりすると、葛藤が弱まり少し楽になるかもしれません。そちらの方向で工夫してみて下さい。

子育ての参考書

質問することで子どもの心の力がぐんとアップ！

子育てに役に立ちそうな本を紹介するコーナー、今回、取り上げたのは『「心が強い子」に育つ100の質問』です。心理セラピストの筆者は子どもの心に働きかけるためには、ただの声かけでは弱いと言います。子どもの心を鍛えるには、声かけよりも質問だというのです。この本では質問というテクニックを使って、子どもの心の力をアップさせます。

イラスト／the rocket gold star

今のような時代には「心の強さ」が必要に

筆者は今のような時代には、学歴や資格、教養だけでなく、「強い心」を育む必要があると主張しています。そして、そこで求めるものとは、「転んだり、穴に落ちたりしながら、いち早く起き上がり、穴から這い出して、また歩き始める」そんな「心の強さ」なのだといいます。それは「レジリエンス（精神的回復力）」とも呼ばれています。

この「心の強さ」を育むためには、何が必要なのでしょうか。筆者は以下の6つの力が必要だといいます。

①「自己肯定感」自己肯定感は自分を信じる力でもあります。何度失敗しても、自分を信じてさえいれば、成功するまで何度でもチャレンジできます。

②「思考力」思考力とは、答えを導き出す力。これがあれば、どんな逆境からも立ち上がっていけます。

③「想像力」広い視野であらゆる可能性を模索するのに想像力が必要になります。

「心が強い子」に育つ100の質問
中野日出美
自信がない・考えるのが苦手・傷つきやすい
「心が強い子」に育つ
100の質問
NPO法人日本心理コミュニケーション協会 代表
中野日出美
3500人以上の人生が好転！
「褒める」「叱る」よりも、はるかに効果的！
超人気セラピストが、わが子に“何があっても生き抜いていける力”を自然と身につけさせる問いかけを初公開。
大和出版

大和出版
定価：本体1600円（税別）

中野日出美

なかの・ひでみ／NPO法人日本心理コミュニケーション協会代表。東京臨床心理カウンセリング学院代表。公認心理士。心理セラピスト。親子関係の改善を図るセラピーを行なってきた。潜在意識に働きかける独自の手法を開発。約20年間で3500件以上の実績を持つ。主な著書に『それは、“愛着障害”のせいかもしれません。』『男の子の育て方』『女の子の育て方』（いずれも大和出版）など。

それにより、まだ見ぬ未来に何が必要なのかをいち早くキャッチできます。

④「モチベーション」自分を動かす燃料がモチベーションです。生きる意味のことでもあります。自分らしい人生を生きるためには、自分を動かす燃料が必要になります。

⑤「ユーモア力」失敗したり挫折したときに、いつまでもそこにとらわれずに、視点を変えて、面白がって「次に行こうか！」と言える力。それは人生にとって必要です。

⑥「コミュニケーション力」最後に絶対に必要なのコミュニケーション力。温かく親密な人間関係を築ける力は、たくましく幸せに生きる力となります。

この6つの力を子どもに質問することで高めていきます。そのときに必要なことがあります。まずは「子どもの答えに対して、批判したり、批評したり、または否定するような表情や素振りを絶対に見せない」ということです。

親も一緒に考えて楽しむ姿勢を見せる

次には、「親も一緒に真剣に考えて楽しむ姿勢を見せる」ということです。

答えはいくつ出しても、後で変えてもかまいません。どんな答えであっても「へえー！」「すごいな」「よくそんなことを考えたね」といったリアクションをしてあげてください。

全部で質問は100あります。そのうちの一部を紹介します。

自己肯定感を高める質問

「あなたが命を差し出せば世界の平和が約束されるとしたら、どうする？」「誰にも知られずに、こっそり誰かを痛めつけられるとしたら、誰にする？」

思考力を高める質問

「江戸時代にタイムスリップしてしまうとして、3つだけ好きなものをもっていけるとしたら、何をもっていきますか」「自分の未来のどこかに10分間だけ行けるとしたら、何歳がいい？ そして、何をする？」

想像力を高める質問

「1時間だけ透明人間になれる薬が3錠あったら、いつ使う？」「あなたがつくったゲームが、世界中で大ヒット。さて、あなたがつくったのは、どんなゲーム？」

モチベーションを高める質問

「世界の王様になれるとしたら、まず何をしたい？」「あなたが歴史上の人物の誰かになり、その人生を生きることになったら、誰になって、何をする？」

ユーモア力を高める質問

「誰かを召使いにできるとしたら、誰にする？」「家族を家電にたとえるとしたら、それぞれ何の家電だと思う？」

コミュニケーション力を高める質問

「トークで5人の人を楽しませなければならなくなったら、あなたは何の話をする？」「この先一生、たった1人の人としか話すことができないとしたら、誰を選ぶ？ただし、話すという行為としては、メールやLINEなどのSNS、筆談、電話も含むものとします」

この本ではそれぞれの質問に、質問の意図と望ましい対応について解説されています。それを読んでから、子どもに質問しましょう。

世界の王様になれるとしたら？

脳を休憩させる「曲がり角のポーズ」

教えてくれたのは
畑中麻貴子先生
ヨガインストラクター＆ライター。ヨガや太極拳、気功、ソマティックスなボディワーク、セラピー、食など東西のさまざまな学びを通じ、いかに自分の身体と仲よくなり、本来持っている「健やかさ」を培っていくのかを探求中。
https://instagram.com/asamakico
写真／米田由香
（ぬくもりフォト）

おしりや足・ハムストリングスのストレッチに最適な「曲がり角のポーズ」。長時間座るとおこる足のむくみや疲れ、冷えを解消することができます。

●カラダへの効果

お腹への優しい刺激が腸の働きを活性化。胃腸の調子が良くなります。

●ココロへの効果

お腹まわりが温まり、気分がホッと落ち着いてきます。脳の休憩にもなります。

準備のポーズ

ひざとつま先は上向き
姿勢を正して座ります

開く角度は
広くしすぎない
90~120度
くらいでOK!

① 折りたたんだブランケットのはしにおしりをのせて、両足を前に伸ばして座ります。

② 内ももが伸びて心地がいいところまで両足を開き、背骨を伸ばします。ひざとつま先は天井に向けます。

③ 両手でマットを押して、丸まった背骨を気持ちよく伸ばしながら、骨盤を立たせます。

ひざが伸ばせない・腰が丸まる場合のサポート

追加でブランケットかクッションを用意します。両ひざを曲げて、ブランケットやクッションの上にひざをのせると楽に座れるようになります。

完成！

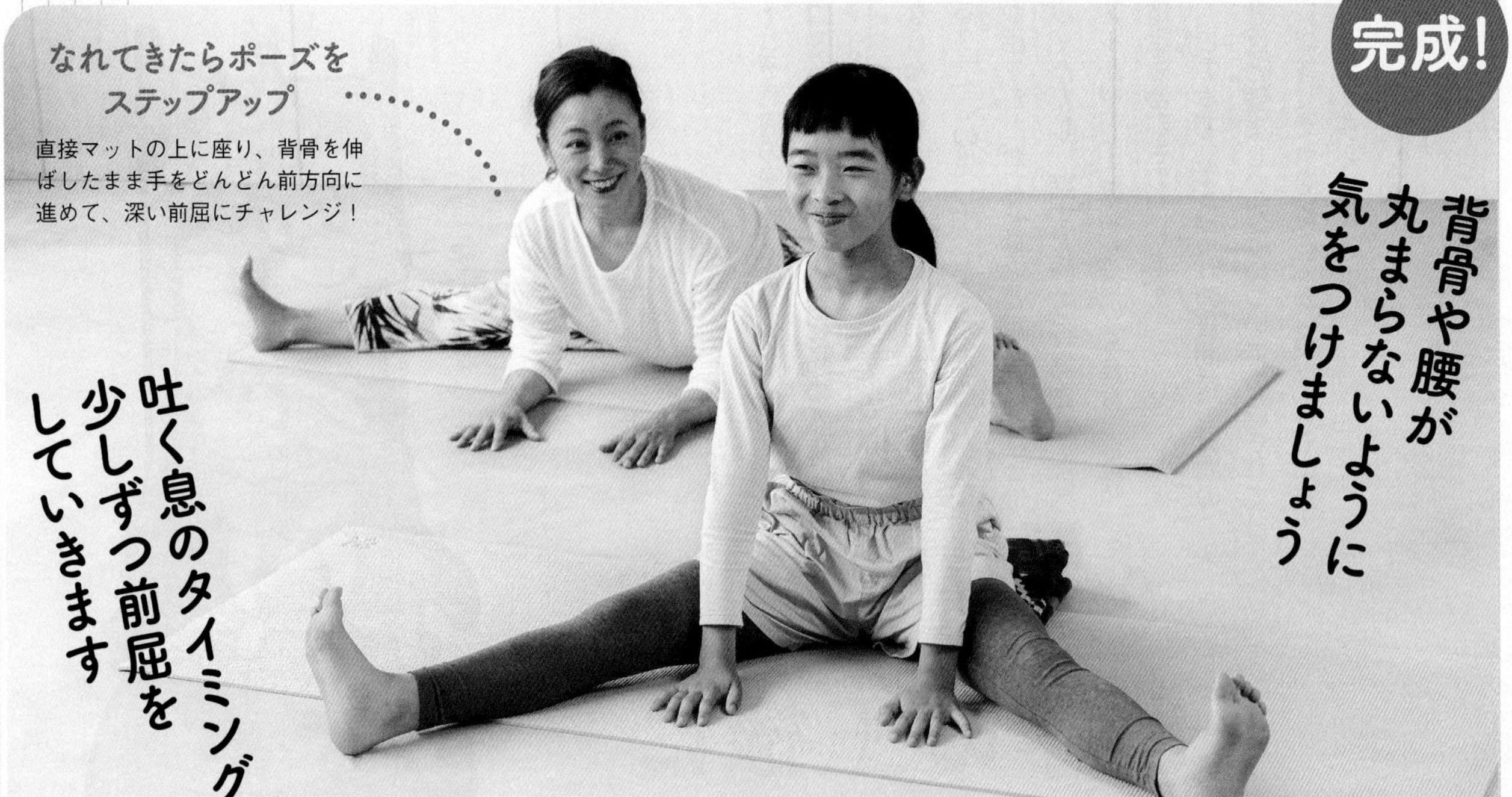

なれてきたらポーズをステップアップ

直接マットの上に座り、背骨を伸ばしたまま手をどんどん前方向に進めて、深い前屈にチャレンジ！

背骨や腰が
丸まらないように
気をつけましょう

吐く息のタイミングで
少しずつ前屈を
していきます

❶「準備のポーズ」から前屈へ。そのまま足のつけ根から折りたたむイメージで身体を前にたおします。気持ちよくハムストリングスが伸びたところで5〜10回呼吸します。

子どもたちは今　保健室より

様々に違っている「登校しぶり」の子

保健室は子どもたちにとって大切な居場所です。
そこでは、担任の先生や親の前とは違った顔を見せてくれます。
子どもたちの今を、保健室よりお伝えします。

文／五十嵐 彩・いがらし あや　東京都内の公立小学校で養護教諭
イラスト／ふじわら かずえ

「本当は教室で学びたい」「学校で友だちと遊びたい」

「登校しぶり」で学校に足が向かなかったり、泣きながら学校に登校したり、登校してもなかなか保護者と離れられなかったりする子どもたちがいます。そんな子どもたちと多く出会っていますが、学校に足が遠のいてしまうきっかけも、反対に来られるようになったきっかけも、子どもによって様々です。私は、**子どもにとっての居場所は学校だけでなく多様であってもいいと思っています。**元気が回復するまで一休みすることも、学校以外に居場所を求めることも、子どもが必要としているならば選択肢の一つだとも思います。それでも「学校に行きたいのに行けない」「本当は教室で学びたい」「学校で友だちと遊びたい」という気持ちを抱えながら苦しんでいるのならなんとか一緒に解決したい、その子が望む形になるようなお手伝いをしたいと思っています。

４年生のカンタは、父親に半ば引きずられながら登校します。暴れるカンタをなだめながら玄関のベンチに座らせると３分も経たないうちにカンタは落ち着きます。教員が教室へ促してスムーズに行ける日もあれば、「もう少しここにいる」と一人でベンチに座って気持ちを落ち着けて教室に行くこともあります。

１年生のナナは、泣きながら母親に手を引かれて登校します。玄関で「ナナちゃんおはよう！」といって私が手を差し出すと泣いたまま母親の手を離れ私と手をつなぎます。「じゃ、お母さんに行ってきますをしよう！」というと泣きながら「いってきます」といい、そこからクラスの子どもたちのところに行くまでの間には泣き止んでしまいます。

「登校を嫌がる理由って意外にコレというものはないかも」

２年生のサヤは、３学期になってから玄関で母親と２人で固まっていることが多くなりました。いつものように固まっているサヤに保健室に行こうと声をかけますが、泣いて母親から離れようとしません。それでも私が手を繋ぐと母親から離れたのでその隙に別れてもらおうと思ったのですが、今度は母親が「何が嫌なの？」「どうして泣くの？」「明日は一人で学校に行けるの？」とサヤに質問を始めました。するとサヤはますます泣いて母親を叩いたり掴んだりします。いよいよ母親も仕事に行かなければ間に合わない時間になりました。「サヤごめんね」と言いながら少し強引に母親から引き離しました。すると、母親の姿が見えなくなった途端にピタッと泣き止みました。

その母親は「泣いた子を置いていったら学校に迷惑がかかるのでは」「なぜ登校を嫌がるのか理由を聞き出さなければ」とあせっているようです。そこで、泣き止んだサヤは、教室に行けない時間に保健室で学習したり、お手伝いをしてくれたりするので迷惑なことは何もないこと、どんなに泣いて登校した日も教室に行かない日はないことを伝えました。

さらに、「登校を嫌がる理由って意外にコレというものはないかもしれませんよ」と伝えると「そんなことってあるんでしょうか？原因がわかればそれを解決すればいいと思うんですけど」と戸惑っています。**「なんとなく嫌だっていうこともあるんじゃないでしょうか。嫌なことが何かを聞くより、学校であったことや、それについてサヤがどう考えているのかを聞いてみたらどうでしょう」**と提案しました。

スムーズに登校できる日とそうでない日を繰り返しながらサヤは３年生になりました。ある日、不機嫌そうなサヤが緊張した表情の母親と登校してきました。ニコニコしながらわざと遠目に様子を伺っていると、「私、３年生のお姉さんだから泣いてる場合じゃないのよね！」と私にニヤッと笑いかけながら校舎に入って行きました。その姿を見て母親と一緒に大爆笑しました。それから、本当に泣いている場合ではないらしく登校しぶりはピタッとおさまってしまったのです。

子どもたちの名前は仮名です。個人が特定できないように事実関係に手を加えている場合があります

ココロの
Interview
102

三田寛子

［女優・タレント］

40歳になったときに宣言した 私にとって「最大の課題は子離れ」

芸能界デビューのため、15歳で実家を離れた三田寛子さん。
社会に向き合い、実感したのが厳しかった父の愛情でした。
25歳で歌舞伎役者の妻になり、子どもを授かった時、「文化の継承」という使命を持つ家での子育てに、
不安を感じつつ、とても張り切ったと言います。
「厳しいお母さん」になりますが、たっぷりの愛を注いだ三田さんは今、
子どもたちの優しさと成長をかみしめながら、再び仕事に力を入れています。

文／矢部万紀子

父のように愛情深く 厳しくきちんと育てよう

『セブンティーン』の読者モデル募集の記事を見たのが中学3年の6月です。修学旅行の写真があったのでそれを送って応募しました。運よく合格して読者モデルの撮影をしてそれが掲載されたのがきっかけで、芸能界に入ったのが15歳でした。

祖父母は京都で黒染め屋を営み、父は職人をしていました。

私は1人上京し、その年のうちに『2年B組仙八先生』（TBS）に出演、翌年には『駆けてきた処女』でレコードデビューしました。それ以来いろいろな方々から「頑張りなさい」と背中を押していただき、生活してきました。

だから自分の中で15歳というのが、「プチ成人式」というか一つの節目になっているんです。3人の男の子に恵まれて一生懸命育てながら、15歳になればそろそろ自分の道を歩き出す、その背中を押してあげなくてはと思ってきました。

とは言っても子どもは大好きで可愛くて、本当は「ずっとそばを離れたくない」という気持ちでいっぱいなんです。だから自分に言い聞かせるためにも、40歳になって受けた雑誌のインタビューで「最大の課題は子離れです」と話しました。長男の国生が11歳、次男の宗生が9歳、三男の宜生はまだ5歳で、それからも折に触れて「子離れ」を語ってきました。

子育ては自分の親が指針になりますよね。私の父は実直でとても厳しい人でした。人前で泣くと、弟にも私にも分け隔てなく、「泣いてごまかそうとするな」と叱りました。母がフォローをしてくれましたが、なぜこんなに厳しいのだろうと思いながら大きくなりました。

でも15歳から社会と向き合い、父の厳しさは最高の愛情とプレゼントだったとわかりました。25歳で結婚した中村橋之助（3代目、現・芝翫）の家は家業が歌舞伎で、芸の伝承という大きな責任がありました。30歳で子どもを授かった時、そういう家で子育てをする不安がある一方で、張り切っちゃったんです、私。父のように愛情深く、厳しく、きちんと育てよう、と。

とにかくうるさいお母さんでした。3人から「よそのおうちのお母さんはみんな優しいのに、なんでうちのお母さんはこんなに怖いの」と泣かれました。〝飴と鞭〟のバランスが下手だったと思います。体に良くないからと、お菓子やジャンクフードはあえて遠ざけていました。

そうすると私に隠れて食べるんです。いただいたお菓子を楽屋の鏡台に詰め込んでいるのを発見したりして、反省は多々あります。とにかく周囲の人々に迷惑をかけてはいけないと、「自分に厳しく、人さまに優しく」と常に言ってきました。私が父に言われた言葉です。

「勉強しなさい」も鬼のように言いました。3人とも青山学院に附属幼稚園から通いました。「エスカレーター式」と言われますが、全然そうじゃないんです。歌舞伎出演で授業を休んでも、考慮してくださることはありません。

好奇心旺盛に育てようと、小さい時からいろいろなスポーツに挑戦させたこともあり、部活にも熱心でした。中等部で上の2人は野球部、下はハンドボール部に入りました。途中からゴルフ部を兼部する時期もあり、長男は野球部の部長、次男も副部長をしました。人をまとめ、思いやる力を培う経験でしたが、頑張っていた分、上の2人は落第に半分足がかかるような成績でした。塾に家庭教師にと、教育に必至でした。

もう一度やり直せるなら褒めて育ててあげたい

ところが三男だけはよく勉強してくれたので、成績は問題なく助かりました。上の子が聞いたら「お母さんがお兄ちゃんたちを鬼のように怒っていて、これはいかんと思ったから、僕はちゃんと勉強しました」と言ったそうです。

思えば子育て真っ盛りの3、40代の頃は、主人が役者としての働き盛りでした。だから私の中で常にお父さん役とお母さん役、両方のスイッチが入っていたんだと思います。最近、「褒めて伸ばす子育て」とよく聞きます。もう一度、子育てをやり直せるなら、褒めて育ててあげたい。そうしたら、もっと伸びやかさが得られんじゃないかしら。まあ、今ものびのびしてますけど（笑）。

時代が違うので子育てのアドバイスなどできないのですが、きょうだいの多い親御さんに聞かれたら、「1対1の時間を大切にしてあげて」と言っています。常駐のお手伝いさんはお願いしたことがないですし、主人に関する仕事もたくさんありますし、それぞれの子と接する時間が物理的に足りないと思った時期がありました。取り戻すためにしたのが、1対1での旅行です。飛行機もホテルも遊びに行っても1対1。小学校時代に2、3回ずつでしたが、本当に行ってよかったなって思います。

初めての出産前、育児書をたくさん読みました。印象に残ったのが、「男の子の子育てで大切なのは、年上の同性にたくさん出会わせてあげること」という記述でした。幸い歌舞伎の世界は良き先輩方がたくさんいますが、それだけではありません。学校のお友だちの家に泊まりに行って、そこのお父さんが「歌舞伎の伝承ってすごいことだよ」と言ってくださったことがありました。自分のしていることの意味、応援してくださる方の存在。親に言われるよりすっと入ったようで、ありがたいことでした。

同性の先輩の存在はとても大切ですよね。デビュー作の『仙八先生』の撮影時、私はドラマと学校生活の両立にとても悩んでいました。先生役だった宮崎美子さんにそのことをご相談していたんです。宮崎さんが途中で番組を離れる時、お手紙をくださいました。「悩みを打ち明けてくれてありがとう」「教養は自分を助ける味方だから、絶対に諦めないで」とありました。学校を続けようと思いました。本も読み、教養を身につけることを諦めない。あの日のアドバイスは今も私の宝物です。

左から中村福之助(宗生)さん、橋之助(国生)さん、三田さん、歌之助(宜生)さん

勉強なしで取れない「合格」を目指そう それも4級より1級

「子離れ」を意識し始め、40代からは毎年必ず一つ新しいことに挑戦しようと、「アロマテラピー」や「心理カウンセラー」「ハーブソムリエ」などいろいろな講座に通い、「修了証」をいただきました。ところが50代に入ったある時、ずっとお仕事をしているママ友から「修了証は入社試験の履歴書には書けないの。やるならもっと本気でやらなきゃ」と言われました。興味あることをちょっとかじって満足していましたが、それではいけない。勉強しないと取れない「合格」を目指そう、それも4級より1級だと思いました。

主人と息子たちの「史上初、親子4人同時襲名」が2016年から19年まで続きました。終わったと思ったら、コロナ禍で歌舞伎が中止に。とにかく大変だった襲名興行から一転、急に時間ができたんです。「世界遺産検定」の勉強を始めました。とにかく旅行が大好きなので。何十年かぶりに徹夜で勉強して、脳みそが溶けるかと思いました（笑）。

2級は合格しましたが、1級は落ちてしまいました。小型船舶1級を取ったのは17年、地方での襲名興行に私は同行しなかったので、その間に取りました。「お母さんの操縦する船なんて危なすぎる」と誰も乗ってくれませんが。

子どもたちの優しさに甘んじてはいけない

コロナ禍で歌舞伎が止まった時は、料理に興味のあった三男がほとんどご飯を作ってくれました。もともと3人とも忙しい私を見ているから、家のことはよく手伝ってくれる子どもでした。1番下の子がベビーちゃんの時、上の2人は6歳と4歳。オムツ替えしておんぶしてあやして、何でもしてくれました。「ミルク、やってあげる」と言って、牛乳をそのまま入れそうになって慌てて止めたこともありました。

この頃は3人それぞれが、ご飯に誘ってくれたりします。私が困っている時とかに。ある時3人が私に気づかず話をしていて、偶然聞こえたのが「今日、誰がボランティアするんだ？」でした。私のアテンドを誰がするかっていう話なんです。

襲名興行で心身ともに限界まで働いたから、子どもたちの優しさがうれしかった。でもこのまま優しさに甘んじてはいけない、「もうボランティアなんて言わせないぞ」と奮起しました。

新しいお仕事をいくつか始めました。昨年3月から始めたのが、「パンサー向井の#ふらっと」（TBSラジオ）の水曜パートナーです。番組のコーナーでインスタグラムに挑戦したのが昨年6月、それからほぼ休まず投稿しています。ネタは尽きません。「#毎日投稿」もつけています。

上／小さかった3兄弟と共に。後ろには家族の写真がたくさん並ぶ
下／「お芝居ごっこ」が「成駒屋三兄弟歌舞伎自主公演」の原点

結婚してなくなった 表現したりする 楽しさを思い出した

結婚してから、表現したり前に出たりという機会がほとんどなくなっていましたが、インスタでその楽しさを思い出しました。世界が広がってきました。

3人、チームワークはいいです。ずっと長男が隊長で、次男と三男はお兄ちゃんを大尊敬していて。この夏は「神谷町小歌舞伎」と銘打った「成駒屋三兄弟歌舞伎自主公演」を開きました。「失敗しても成功しても一生懸命頑張るから、見ていて」と言われて、演目も何も本当に教えてくれなかったから心配で心配で。おかげさまで全公演満員御礼、来年の開催も決まりました。

公演で3人ともすごく成長しました。大学4年の三男など「末っ子のよっちゃん」だったのが、目の色が変わりました。それを見て、つい「お母さんのために何が何でも卒業って思わなくていいからね」と言ってしまいました。私は高校を5年かけて卒業し、大学も受験しましたが、受かりませんでした。兄2人も歌舞伎が忙しく出席日数不足から休学、中退となってしまった。だから三男には「何とか卒業して」と言ってきましたが、成長した彼を見て、もうここからは彼の人生だな、と思ったんです。すごくありがたいというか、楽しいというか、そんな気持ちでいます。

みた・ひろこ

1966年、京都府出身。1981年、ドラマデビュー。翌年、歌手デビュー。その後、CM、舞台、バラエティ番組など多方面でも活躍。91年、3代目中村橋之助と結婚。95年、長男・国生（現・中村橋之助）、97年、次男・宗生（現・中村福之助）、2001年、三男・宜生（現・中村歌之助）を出産。現在『ひるおび！』（TBS、隔週金曜日）、『パンサー向井の#ふらっと』（TBSラジオ）、『トップの源流』（BS朝日）などに出演中。

この1校！

共立女子中学校

KYORITSU GIRLS' Junior High School

東 京　千代田区　女子校

タイアップ記事

東邦大学理学部と高大連携がスタート！

長年のつながりから、2022年に東邦大学理学部との高大連携がスタートした共立女子。理科だけでなく、情報や数学など幅広い分野で中学生も交えた講座が次々開講されています。今回は、3月に実施された実験講座と7月の2つのプログラミング講座を紹介します。

高大連携のきっかけ

東邦大学理学部の次世代女性研究者育成講座の一環として、2011年より東邦大学理学部の佐藤浩之教授に実験講座を実施していただいていました。10年以上毎年恒例となっている実験講座の内容は、遺伝子診断です。

DNAを自分の頬の細胞から取り出し、遺伝子の型を分析します。飲酒に対する感受性を決める遺伝子の1つ、アルデヒド脱水素酵素2（ALDH2）遺伝子を用います。目的は、PCR法や制限酵素処理、電気泳動法など、生物の教科書にも載っている、生命科学分野で使われる様々な実験手法を体験し、遺伝子の情報が持つ生物学的、医学的、社会的、倫理的な意味を理解してもらうことです。高校にはない実験機材や試薬などを大学からすべて持ち込んでいただき、先端の技術や考え方を学ぶことのできる大変ありがたい講座で、生徒にも毎年好評でした。この講座をきっかけに、生命科学の分野への志望を決意した生徒も少なくありません。

また、東邦大学理学部に進学した本校卒業生が実験アシスタントとして当日に同行してくれることも、我々としては楽しみの1つでした。その10年以上続いたご縁がきっかけとなり、今後も相互が交流・連携し、東邦大学の理数教育の高度化と、共立女子の理数教育の充実支援を協力することをめざす協定を結ぶ運びとなりました。長く続いたご縁が高大連携という形で実を結び、非常に嬉しく思っています。

東邦大学理学部との高大連携に関する調印式

サイエンスのおもしろさに触れる実験講座

高大連携の協定を締結してから、様々な分野の講座が実施されています。まずは3月27日に、中学生対象にサイエンスのおもしろさに触れてもらう実験講座「SCIENCE AFTERNOON」が実施されました。実験は「薄層クロマトグラフィー」というもので、校舎の周りに生えているタンポポなどの植物から色素を抽出し、分離しました。実験の手順を中学生にもわかりやすく説明してくれ、この作業が実際の研究でどのように活かされているのか、という説明もありました。

具体的な研究の内容にも触れることができ、参加した中学生からは、「身近な植物にもたくさんの色素が入っていることがわかっておもしろかった」「実験が好きなので、理系に進むのもいいなと

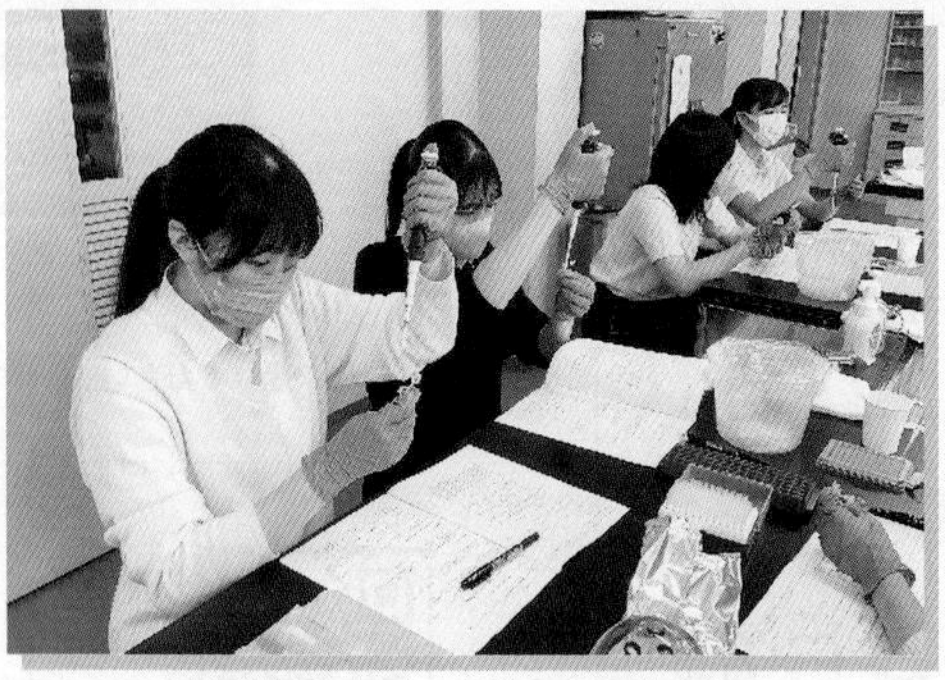

実験器具はすべて大学からの持ち込み

中学生にもわかりやすく指導してくれました

School data!

共立女子中学校

KYORITSU GIRLS' Junior High School

所 在 地■東京都千代田区一ツ橋2-2-1
アクセス■都営三田線・新宿線・地下鉄半蔵門線「神保町」徒歩3分、
地下鉄東西線「竹橋」徒歩５分、JR線「水道橋」・「御茶ノ水」徒歩15分
生 徒 数■女子のみ980名　電話■03-3237-2744

思った」などという感想が見られ、講座の目的が達成されていたことが実感できました。

アニメーション プログラミング講座

東邦大学理学部には、理科系の学科のほかに、情報系の学科もあります。7月にはプログラミングに関する講座が2つ実施されました。まずは7月15日に中3～高3対象の「アニメーションプログラミング講座」が実施されました。Ｐｙｔｈｏｎという言語を用いてPC画面上に好きな形の物体を表示させ、それを思い通りに動かすプログラミングを学びました。色のつけ方にこだわったり、かわいいキャラクターを作ってみたり、プログラミングに夢中になる生徒が多く見られました。

また、座標や三角関数など、プログラミングには数学の知識が必要なことがわかり、参加した生徒は今後の学習へのモチベーションを高めたようでした。

思い通りのキャラクターを作るためにアドバイスをもらいます

生徒の感想

「受講した翌日に『Ｐｙｔｈｏｎ1年生』という本を購入しました。この夏休みは、高2なので受験勉強が優先になってしまいますが、息抜きのゲーム感覚でプログラミングを学ぼうと思います」

「パーツをほかのパーツにつけるときの座標の調節がとても難しかったです。どの軸をどれくらい調節すればキャラクターの目を作れるかで20分ほど使ってしまい、自分の作品をスピーディーに進められなかったのが悔しかったです。それでもほかの人の作品を見たり、自分の作品を先生が褒めてくれたりしたのが本当に楽しかったです。プログラミングを構成しているのが英語だったので、今後の英語学習を頑張り、いつか自分の思い通りにキャラクターを作ってみたいと思いました」

CGアニメーション プログラミング入門

7月27日には中学生向けの「CGアニメーションプログラミング入門」が実施されました。少しずつ変化する画像を連続して見ると、動いているように見える、というアニメーションの基本原理を学び、CGキャラクターを動かすプログラミングを体験しました。またアニメーションとしてよりいきいきとした動きをさせるにはどうすればよいかなどを、実際のディズニーアニメーションなどを例に教えてもらい、それを活かしてプログラムを考えることでCGアニメーションの仕組みを少し理解することができました。

生徒の感想

「1つひとつ理解しながらできたので、プログラミングの苦手意識が少し改善されました！」

「普段経験できないようなことまでできて、貴重な機会となりました。画面上でロボットを動かすプログラミングは、『1つ動かすだけでここまで動きがかわるんだ』とびっくりしたのと同時にますますこの分野に興味をもちました」

今後の取り組み

今後も生物、化学分野を始め、情報系、数学系などの分野の講座を定期的に実施していく予定です。バイオテクノロジー実験講座やプログラミング講座など、好評だった講座はシリーズ化して毎年行っていく予定です。また、東邦大学に出向いての電子顕微鏡講座など、中高では実施できない分野や踏み込んだ内容の講座を、専門分野の大学教授により実施してもらえることは、生徒にとって非常に貴重な経験となります。その経験を通し、将来を考えるきっかけとなることを期待しています。

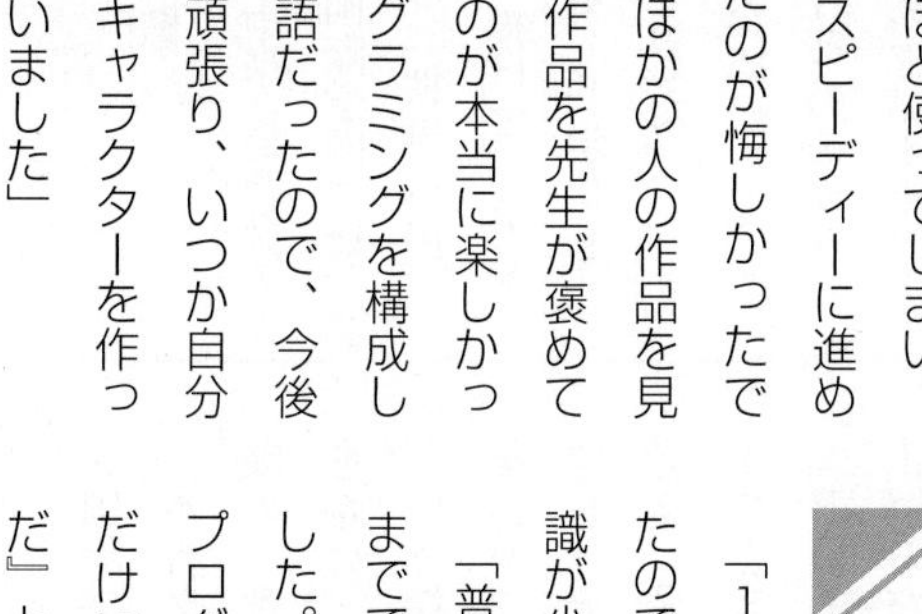

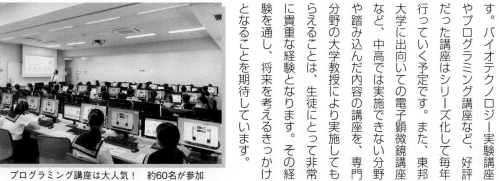

プログラミング講座は大人気！　約60名が参加

Cambridge Assessment
International Education

Cambridge International School

サレジアン国際学園《こくさいがくえん》中学校高等学校

さらに充実する教育環境のなかで自ら学び、考え、発信する力が身につく

今春、共学化２期生を迎えたサレジアン国際学園中学校高等学校。PBL型授業を中心に生徒の思考力や発信力を伸ばしています。2026年には新校舎も完成予定です。

特徴的な2クラス制

サレジアン国際学園中学校高等学校（以下、サレジアン国際学園）は、「21世紀に活躍できる『世界市民』の育成」を教育目標に掲げて、2022年度より校名変更、共学化し、新たなスタートを切りました。

「世界市民」育成のために、サレジアン国際学園では「5つのチカラ」を身につける教育を行っています。

「5つのチカラ」とは「言語活用力」「考え続ける力」「コミュニケーション力」「数学・科学リテラシー」「心の教育」の5つのことで、これをPBL（プロジェクト・ベースド・ラーニング）型授業を中心に培っていきます。

今年4月には2期生が入学し、募集広報部長の尾崎正靖先生は「1期生よりもさらに本校の教育について理解を深めた生徒が入学してくれました。本科クラスは、例えば探究活動への興味関心が強いなど、本校でやりたいことが明確にある生徒が、インターナショナルクラスは、英語学習についての意欲が高く、また、素質を感じさせる生徒が多いです」と話されます。

この本科クラス、インターナショナルクラスの2クラス制がサレジアン国際学園の大きな特徴です。

本科クラスは、サレジアン国際学園の一番の特徴であるPBL型授業を軸に、週3時間ある「個人研究」という探究型授業などを通して、生徒自身が社会問題に対して問いを設定し、その問いに対して自ら学び、考え、発信する力を身につけることができます。

PBL型授業は、授業中に教員が正解のない課題を投げかけ、生徒がグループごとに議論しながら、それぞれに解を導き出していくというものです。

個人研究は、いわゆる大学のゼミナール形式の授業で、開講されている講座から自分の興味関心があるものを選び、同じ講座を選んだ中2〜高2の生徒がともに学びながら、自ら設定した課題の解決に向かって研究をしていくというものです。

尾崎先生は「個人研究の授業を見ていると、異学年で学びあうよさが感じられますし、共学化1期生の中2が、高2の生徒などに対しても積極的に意見を発信しているのを見て驚かされます」と話されます。

インターナショナルクラスは、「英語で学び、考え、伝える英語環境がある」クラスで、ホームルームも含めて英語を多用することで、実践的な英語力を養います。

このインターナショナルクラスは、専門性を持ったインターナショナルティーチャーから主要教科を英語で学ぶADVANCED GROUPと、週10時間の英語の授業を、インターナショナルティーチャーと日本人教員のチームティーチング形式で学ぶSTANDARD GROUPに分かれます。

STANDARD GROUPからは、英語力の伸びに応じてADVANCED GROUPに移動することも可能です。

上智大学との連携、姉妹校交流再開、新校舎建設など教育環境はますます充実

このように、それぞれに特色ある2つのクラスで21世紀に活躍できる「世界市民」を育てるための教育を実践しているサレジアン国際学園。

教育内容は日々ブラッシュアップされており、その一環として、上智大学との高大連携事業や、フィリピンの姉妹校との交流再開があります。

上智大との高大連携事業については、「高い英語教育力と研究力を持っている大学であること、本校の基盤であるカトリックの理念が共通していることから、サレジアンの学びをさらに高めていけるのではないか

タイアップ記事

A：新校舎完成予想図　B：PBL型授業のようす　C・D：インターナショナルクラスの授業風景　E：体育祭

と考えています」と尾崎先生は、その狙いについて説明されます。

上智大の総合グローバル学部や国際教養学部と、サレジアン国際学園のインターナショナルクラスが連携したプログラムや、上智大の教員による出張授業、大学講義体験、上智大生とサレジアン国際学園生の交流などが想定されており、本科クラスの個人研究にとっても実りがある連携になりそうです。

フィリピンの姉妹校との交流は、コロナ禍で過去数年見送りになっていましたが、来年3月から再度実施されることになりました。マニラにある姉妹校を訪れて、生徒との交流やフィールドワークが行われる予定です。

「この姉妹校は、サレジアン・シスターズのネットワークでつながっているうちの1校です。こうした姉妹校は世界中の97カ国にあり、マニラの姉妹校との交流再開をきっかけに、今後はほかの姉妹校も含めた交流をより盛んにさせていくことも企画しています。このネットワークも『国際学園』としての本校の強みの1つだと思います」と尾崎先生。

そして、教育環境のさらなる充実をめざして、同敷地内に新校舎の建設も始まります。校舎、運動場ともに今よりも広くなり、2026年9月から使用開始の予定です。

「これまではなかった食堂が入り、理科の実験室もサイエンスラボとしてより拡充されます。また、個人研究などにも有用となる『ラーニング・コモンズ』（生徒の学習支援を意図して設けられるスペースなどのこと）も設置し、生徒が過ごしやすい環境作り」（尾崎先生）をめざします。

PBL型授業や個人研究などで力をつけ、外部のコンクールに出場したり、結果を残したりする生徒が増えているなど、その教育の成果の一端がすでに出始めているサレジアン国際学園。

新校舎建設も含めて、さらなる発展が予感される学校です。

学校情報〈共学校〉

所在地：東京都北区赤羽台4-2-14
アクセス：JR「赤羽駅」徒歩10分、地下鉄南北線・埼玉高速鉄道「赤羽岩淵駅」徒歩８分
ＴＥＬ：03-3906-7551（入試広報部直通）
ＵＲＬ：https://www.salesian.international.seibi.ac.jp/

学校説明会〈要予約〉

11月3日（金祝）、12月16日（土）、2024年1月7日（日）すべて10:00～
※詳細は学校HPでご確認ください。

DEVELOPING FUTURE LEADERS

2023年度・大学合格者数
（一貫生卒業生116名）

国公立	14名
早慶上理	16名
GMARCH	61名
医学部医学科	7名

IT医学サイエンスコース

プログラミング　数学　医学　実験研究

各専門分野の研究者や開発者として、リーダーシップを発揮できる人材を育てます。

プログレッシブ政経コース

世界　英語　政治　経済

国際的な政治やビジネスシーンにおけるリーダーシップを発揮できる人材を育てます。

本校独自のグローバルリーダーズプログラム

- 各界の第一人者を招いて実施する年複数回の講演会
- 英語の楽しさを味わうグローバルイングリッシュプログラム
- 異文化を体感し会話能力を向上させるバンクーバー語学研修
- 各国からの定期的な留学生や大学生との国際交流

学校説明会

<本校HPよりご予約ください>

- 11月11日（土）入試問題体験会・過去問解説会
- 11月25日（土）入試問題体験会・過去問解説会
- 12月16日（土）体験授業（5年生以下対象）
- 3月 9日（土）体験授業（新6年生以下対象）

いずれも10:00〜12:00

※最新情報をホームページでご確認のうえ、お越しください。

※本校実施の説明会では、春日部駅西口よりスクールバスを用意させていただきます。

2024年度 入試概要

<インターネット（Web）出願>

試験日		第1回 1/10(水)	第2回 1/11(木)	第3回 1/13(土)	第4回 1/15(月)
入試種別	午前	4科	4科	―	特待チャレンジ入試(2科)
	午後	本校(2科・4科) 大宮会場【1】(2科)	特待入試(2科・4科)	大宮会場【2】(2科) IT医学サイエンス入試(算数1科)	―
試験会場	午前	本校	本校	―	本校
	午後	本校・大宮会場【1】(選択可)	本校	大宮会場【2】	―
募集定員		プログレッシブ政経コース　80名　IT 医学サイエンスコース　80名			
試験科目		4科（国・算・社・理）　2科（国・算）　1科（算）			
合格発表 インターネット	午前	1/10(水)19:00予定	1/11(木)19:00予定	―	1/15(月)19:00予定
	午後	1/10(水)23:00予定	1/11(木)23:00予定	1/13(土)23:00予定	―

大宮会場【1】TKPガーデンシティPREMIUM大宮　大宮会場【2】大宮ソニックシティ6階

春日部共栄中学校

〒344-0037 埼玉県春日部市上大増新田213　TEL.048-737-7611

東武スカイツリーライン／東武アーバンパークライン 春日部駅西口からスクールバス 7分

https://www.k-kyoei.ed.jp

2024年度入試を9月模試の受験者増減から各都県と各日程の傾向を占ってみる

9月の大手模試受験者数は来春入試の受験者を占える

9月中旬ごろに集中する大手模試の受験者数は前年比99%になりました。この「例年9月に行われる大手模試受験者数」は来年入試を占う基調となりますので、来年の入試も今春と並ぶ、受験者数が多い年となりそうです。

実際の本番入試では9月時点の模試受験者数より増える傾向がみてとれるからです。

ただ、首都圏の卒業予定者が5000人程度減少している学年にあたりますから、やはりその影響は出ていて、すべての受験校が前年並みになる、ということではありません。

本稿では、現在の志望動向を俯瞰《ふかん》的にお伝えして全体状況をつかんでいただき、受験校選びの参考にしていただければと思います。つまり、個々の学校での受験動向にまで言及する内容のものではないということです。

神奈川の微減傾向に対し埼玉・千葉は微増傾向

埼玉の情勢は微増傾向

まず埼玉ですが、全体に微増傾向を示しています。これは1つには開智所沢の開校という事情があります。

またもう1つには埼玉の私立中学の難しさがちょうど偏差値50台に多くあり、来春の受験生が集中するゾーンだからだと思われます。

またこれは原因が不明ですが、男女で増減傾向が大きく異なります。

男子は大きく増え、女子は大きく減っている学校が目につきます。このことは入試直前まで動きをみてみないとはっきりとはわかりません。しかし要注意です。

千葉の情勢も微増傾向

千葉全体では埼玉同様、受験者数については微増となりそうです。とくに附属校や半附属校が増加傾向となっています。進学校は今春とあまり変化がない模様です。

偏差値でみると上位難関校で微増し、中位校でも微増する傾向となっています。中堅《ちゅうけん》校は昨年並みといっていいでしょう。

神奈川の情勢は微減傾向

神奈川の受験者数は微減していますが、そのなかにあって、じつは女子校は増加傾向です。男子校と共学校は減少基調になっています。

学校種別では半附属校は増加傾向で

森上展安の中学受験WATCHING

もりがみ・のぶやす　森上教育研究所所長。
受験をキーワードに幅広く教育問題を扱う。
保護者と受験のかかわりをサポートすべく「親のスキル研究会」主宰。
（文責／森上展安＆編集部）

す。そして増加が鮮明なのは中位校です。上位校は変わらず、また難関校と中堅校で減少傾向になっています。

東京の情勢は三者三様

東京の場合、東部と西部、そして多摩地区に若干の違いがあります。東部は今春は伸び悩みましたが、来春は微増しそうです。反対に西部は今春微増しましたが、来年は微減しそうです。そして、多摩地区は今春並みの傾向にあります。

東部の増加は附属校、そして西部の増加は半附属校、また多摩地区の増加は附属校によるものです。そして東部は上位校が増加し、西部では中堅中位校が増加。多摩地区は難関校と中位校で増加という情勢にあります。

入試日程順に追ってみると受けやすい学校も散見

1月入試情勢

男子では10日の埼玉栄、城北埼玉、西武学園文理、青山学院浦和ルーテル学院、さらに城西川越が増加傾向です。これは11日も続き、城北埼玉、埼玉栄が増加傾向。12日の西武学園文理なども同様です。とはいえ1倍台の入試がほとんどですので、受けやすい状況といえます。

これが千葉の入試状況になると一転して厳しい入試になります。22日の光英VERITAS、24日の昭和学院、27日の芝浦工大柏などは4倍ないし5倍で、大変厳しい倍率になりそうです。

女子では10日、春日部共栄、埼玉栄、開智、西武学園文理、青山学院浦和ルーテル学院などが鮮明な増加状況です。しかし1倍台が多くて受けやすい状況は男子と同じです。

同じく12日、大宮開成、獨協埼玉、開智なども増加しますが、まだ2倍そこそこで受けやすいといえます。

しかし、15日開智、17日獨協埼玉などは、各3倍前後の厳しい倍率となりそうです。

2月1日の情勢

東京・神奈川の入試初日となる2月1日は、上位校が顔を並べます。このため、受験生が集中しますが、その増加に伴い、倍率が激化しそうな学校をあげておきます。以下はいずれも増加率が高い順に並べています。

男子では、日大一、城北、横浜創英、森村学園、東京都市大付属、鎌倉学園、渋谷教育学園渋谷、日本学園、早稲田中、芝浦工大附属などです。

女子では目黒日大、横浜創英、日大豊山女子、三輪田学園、公文国際学園、東洋英和女学院、安田学園、実践女子学園、かえつ有明、芝浦工大附属、国学院久我山、桐光学園、カリタス女子、清泉女学院、田園調布学園、品川女子学院、山脇学園などの増加が鮮明な状況です。

2月1日午後の情勢

増加率の高い順に男子では、武蔵野大中、日本工大駒場、京華、横浜創英、佼成学園、目黒日大、工学院大附属、桜丘などが増加しそうです。

女子では聖徳学園、聖園女学院、十文字、三輪田学園、駒込、日本工大駒場、文教大付属、日大中、清泉女学院、開智日本橋学園、安田学園、三田国際学園、国学院久我山などが増加しそうです。

2月2日午前入試の情勢

2日午前の男子は佼成学園が大幅増。次いで、横浜創英、東京電機大中、目黒日大、駒込、芝浦工大附属、順天、城北、明治学院、日大一などの倍率激化が予想されます。

一方、2日午前の女子は穎明館、目黒日大、田園調布学園、実践女子学園、芝浦工大附属、森村学園、順天、三輪田学園、明大明治、桜丘が倍率激化しそうです。

2月2日午後入試の情勢

男子では、かえつ有明、淑徳、淑徳巣鴨が増加。

女子では大妻多摩、かえつ有明、日大中、カリタス女子などが大幅増加の状況となっています。

2月3日午前入試の情勢

男子では京華、日大一、東京都市大付属、明大明治、早稲田中が大幅増加。

女子では東海大相模、お茶の水女子大附属、三輪田学園、東洋英和女学院、法政大中、明大明治などが大幅増の情勢です。

2月3日午後入試の情勢

男子では、かえつ有明、淑徳、淑徳巣鴨、佼成学園が大幅増加。

女子は増加はしますが、倍率はあまり高くないので受けやすい状況といえます。

2月4日以降の情勢

男子は4日以降も増加傾向が顕著です。また高い倍率状況が続きそうです。

女子も同様ですが、とくに田園調布学園と品川女子学院などが倍率激化の様子をみせています。

高い意欲がみなぎる環境で英語力を伸ばしていく生徒たち

【タイアップ記事】

広《ひろ》尾《お》学《がく》園《えん》小《こ》石《いし》川《かわ》中学校［共学校］

広尾学園小石川中学校は、開校から3年目を迎えました。
広尾学園との連携で培われた環境と教育プログラムを通じて、3期生はすでに大きな成長をみせています。

School Data

所在地：東京都文京区本駒込2-29-1
アクセス：都営三田線「千石駅」徒歩2分、地下鉄南北線「駒込駅」徒歩12分、JR山手線「巣鴨駅」「駒込駅」徒歩13分
TEL：03-5940-4187　**URL**：https://hiroo-koishikawa.ed.jp/

入試イベント

AGガイダンス　要予約
11月3日（金祝）　11月25日（土）　12月2日（土）　すべて10：00〜
※広尾学園中学校・高等学校にて開催
入試傾向説明会　要予約
11月18日（土）　12月10日（日）　両日とも9：30〜、13：30〜
※学校説明会同時開催

独自の英語環境のなかで実力を伸ばす

２０２１年４月に開校した広尾学園小石川中学校（以下、広尾学園小石川）。今春入学した３期生も、１期生、２期生に勝るとも劣らない情熱を持って主体的な姿勢で学校生活を送っています。同時に開校した高校にも３期生が入学し、今年、中１〜高３までの全学年がそろいました（２０２４年度から高校募集は停止し、完全中高一貫校に）。

中１からコース制を導入している広尾学園小石川には、多様な経験を通じて自分の強みに磨きをかける「本科コース」と、世界的視野を身につける「インターナショナルコース」の２つが用意されています。今回は、インターナショナルコースについてお伝えしましょう。

インターナショナルコースは、アドバンストグループ（ＡＧ）とスタンダードグループ（ＳＧ）で構成されます。ＡＧは海外経験を持つなど、すでに一定レベルの英語力を備えた生徒、ＳＧは入学後に英語力を伸ばしたいと考える生徒が対象です。

クラスはＡＧ・ＳＧ混合で、担任は外国人教員と日本人教員がペアで務めます。ホームルームでの連絡事項は外国人教員が英語で伝えるなど、日々英語に触れられる魅力と、日本人教員によるサポートもあるという安心感を兼ね備えています。

授業は国語・数学・英語・社会・理科はグループ別、美術や保健体育などはともに学びます。ＡＧ生は多くの教科を英語で学習し、ＳＧ生も美術などは英語で授業を受けます。

そうした環境のなかで、生徒たちはぐんぐんと英語力を伸ばしていきます。９月のいちょう祭（文化祭）では、１人ひとりが自分で設定したテーマについて、英語でポスター発表に挑戦。テーマは、国際平和から身近なものまで多彩でした。自分で調べ、ポスターにまとめ、発表のための英語原稿を書くという作業でしたが、どの生徒もしっかりと準備をして本番に臨んだといいます。個性を活かしながら、積極的に学びに向かう。それが広尾学園小石川生の姿です。

同校では、年度初めにクラス目標を設定しており、左ページで紹介する生徒２人のクラスでは、「A bloom of smiles」と定めました。生徒たち１人ひとりの思いが込められた目標通り、どの生徒も笑顔で学校生活を楽しんでいます。

生徒同士で高めあえる充実した学校生活

中1　SG所属
Y.I.さん

アメリカの大学で学びたいという夢をかなえるために、海外の文化に触れながら英語力を伸ばせる広尾学園小石川に入学しました。

プランケット先生の美術の授業がお気に入りです。英語で行われることも新鮮で、「新しいことを学んでいる」といつもワクワクします。グループ活動やプレゼンテーションの機会が多く、生徒同士で高めあえる現代文なども好きです。教科によっては、高校の内容に少し入ることもあって、学力がどんどん伸びているのを感じます。

入学直後の1学期からオリエンテーション合宿、芸術鑑賞会、スポーツフェスティバルと、行事も盛りだくさんで、とても充実した毎日です。中3になったらオーストラリア海外短期留学に参加して、現地の方と英語を使って交流したいです。

広尾学園小石川は英語力が高い生徒が集まる学校なので、そのなかに溶け込めるか不安に感じる受験生もいると思います。でも、AG生とSG生は支えあって学校生活を送っていますし、先生方もサポートしてくれるので心配はいりません。

切磋琢磨できる環境 先輩とも交流を深める

中1　AG所属
H.C.さん

ぼくはアメリカで生まれて、小2までは台湾に住んでいました。高校卒業後は、アメリカの大学に進学したいと考えています。異なるバッググラウンドを持つ仲間から、自分が知らない国の話を聞くことができる環境と、英語で色々な教科を学ぶAGの教育に惹かれて受験しました。

将来は生物学者になりたいので、実験なども英語で行う理科の授業を毎回楽しみにしています。先生方は、ぼくたちが理解しているかを確認しながら授業を進めてくれますし、質問にも丁寧に対応してくれます。入学してから、自分がきちんとわかるまで粘り強く考える力が伸びたと思います。

6学年の縦割りでチームを組むスポーツフェスティバルや、バスケットボール部の活動で上級生とも交流し、仲よくなれました。自主的に色々なことに取り組んでいる先輩も多いので、ぼくも負けずに頑張ります。

生徒と先生みんなで、だれもが自由に意見を発信できる雰囲気を作っています。様々な意見を聞きながら、みんなで切磋琢磨できる環境です。

「インターナショナルコース」教員と生徒の声

クラスの雰囲気や授業の様子など、読者のみなさんが気になるあれこれについて、3期生の生徒さんと先生にうかがいました。

知らない世界を知って可能性を広げる

インターナショナルコース
マネージャー
ジョエル プランケット先生

すでにAG生とSG生が教えあう雰囲気ができていますし、どの生徒も積極的な姿勢で学校生活を送っているので頼もしく思います。先日実施した高校生による課外活動の報告会は、自由参加にもかかわらず中1生の姿も多く見られました。予定していた部屋では入りきらず、急遽4つの教室をオンラインでつないだほどです。

知らない世界に興味を持つと、自分の可能性が広がっていきます。中高時代は勉強に加えて、それ以外の活動にも大いに取り組み、自分探しをしてほしいです。1つの目標をクリアしたら、次はもっと高い目標を立てて努力する。その積み重ねが、彼らをすばらしい人間へと成長させてくれるでしょう。

今夏、本科とSGの中3と高1がオーストラリアへの海外短期留学に行きました。ホームステイをしながら現地の学校に通うので、大変だったと思いますが、しっかりと英語でコミュニケーションを取っている姿を見て感動しました。3期生も学びへの意欲がとても高いので、これからが楽しみです。

目標に向けて努力し夢の実現をめざしてほしい

中1担任
蛯原 利騎先生

今年も個性豊かな生徒たちが入学してくれました。クラス目標を決める際は、まだ中1だということを忘れるほどに、活発な議論をしていて驚きました。クラス内でアンケートを取る際も、学級委員が自分たちからグーグルフォームを使うなど、教員が指示しなくとも自分たちで工夫する様子が見られます。

授業では知識や技術をただ教えるのではなく、生徒に問いかけをして彼ら自身で考えてもらうことを大切にしています。好奇心旺盛で学ぶことに前向きな生徒ばかりなので、教員としてやりがいを感じています。真面目に勉強に取り組んでいる生徒が確実に力を伸ばせるよう、応えていかねばならないと改めて思っています。

生徒には、様々なものに興味を持って主体的に学校生活を送り、そのなかで個性を伸ばし、目標に向けて自己実現していってもらえたらと思います。まだ夢が見つかっていない人も、どこにそのきっかけがあるかわかりませんから、色々なことにチャレンジしてみましょう。

開智望《のぞみ》中等教育学校の魅力【第4回】

少数精鋭だから圧倒的に伸びる6年間。国際バカロレアMYP認定校・DP候補校

開智望中等教育学校（以下、開智望）では、次の世代でグローバルに活躍する人材となる受験生を募集します。自分の強みや専門分野に合わせて個々の力を発揮できる、開智望の特色ある多様な入試についてご紹介します。

探究と国際バカロレアを融合した最新の教育

開智望の教育の特色は、開智学園が20年以上前から行っている「探究学習」と「難関大学進学教育」に、国際バカロレアの教育を融合した21世紀型教育を推進していることです。未来の学力といわれる創造力や思考力、コミュニケーション力を育成するために、授業やフィールドワークを舞台に探究を行います。この探究では、疑問発見、仮説設定、調査や観察、実験、仮説の検証や証明、そして自分たちで考察するという「探究のサイクル」を重視しています。

大学入学共通テストに出題されるようになった、実社会と関連した問題などにも対応できるよう、教科の内容を自分達の生活や文脈に基づいて理解したり、教科と教科を関連させながら学習する教科横断型学習を展開したりしているのも開智望の魅力の1つです。日々の学びにつながりと実感を持つことで、知識や技能など基礎的な面だけでなく、それを活用したり新しい考えに発展させたりすることができるようになります。

縦50m×横50mの大体育館

難関大学進学教育にも注力

開智望では、大学受験で通用する学力、さらにその先の人生の礎になる学びの力を獲得することをめざしています。

そのなかでも特に力を注いでいるのが、英語学習です。卒業までの6年間で生徒は、授業、講習、家庭学習で２５００時間以上英語を学びます。そのほかに、国内外での英語キャンプや、英検・ＴＯＥＦＬなどの対策も実施します。

また、開智系列校が築き上げてきた難関大学志望者向けの「進学特別講座」も実施する予定です。この講座は、高校2年生、3年生を対象としたもので、授業とは別に放課後2時間から3時間、毎日無料で行うものです。系列校ではほとんどの生徒が予備校に行かず、東京大学をはじめとした難関大学に合格しています。開智望ではこのような系列校の経験と蓄積を存分に活用し、生徒の夢を応援します。

一方、国際バカロレアのディプロマ・プログラム（ＤＰ）の生徒は、より探究的でアカデミックな学習を通じ、グロー

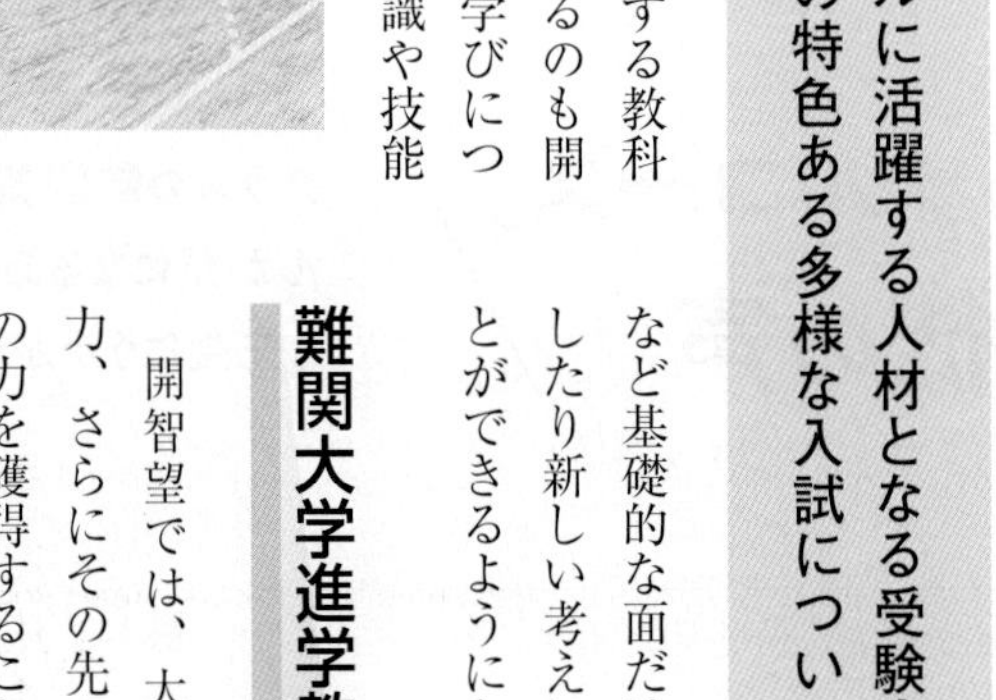
自分で考え、発表する

バルに活躍するための力を身につけていきます。DPの学びは、自分で考え、調査したことをレポートにまとめたり、ディスカッションしたりするものです。これによって、思考し、想像し、実行する力と経験が得られます。これらの学びを通して、世界の難関大学に進学することが期待されています。

多様な入試形式だから力が発揮できる

開智望では、受験生の個性や得意分野での力が発揮できるように、多様な入試形式を準備しています。

【専願型入試（2科）】12月9日（土）

開智望を第1志望とする受験生を対象とした入試です。基本的な学力を重視した試験で、受験科目は国語（50分）、算数（60分）で実施します。また面接によって、在校生とともに学びを深めていくのに十分な学力があるかどうかを判定します。

生徒中心で作り上げる体育祭

【適性検査型入試】12月16日（土）

作文や長文読解など、思考力や表現力を問う、茨城県の公立中高一貫校の入試形式に沿った試験です。試験後には解説を含む入試対策会の開催も予定しています。

【開智併願入試（4科）】1月15日（月）

開智併願入試では、開智望のほかに開智中、開智未来、開智所沢を受験することができます。出題されるのは開智中の入試問題と同様の内容です。一度の入試で4校の合否判定が行われるほか、開智中、開智望のキャンパスを含む複数の会場で受験することができます。

【一般入試（2・4科）】1月17日（水）

中学受験に向けて学習する一般的な学力を問う入試です。国語、算数による2科目受験か、国語、算数、理科、社会による4科目受験のどちらかを選択することができます。国語は１００点、算数は１２０点満点で、理科と社会にはそれぞれ60点分の配点があります。そのほか、問題の形式などは開智望や系列校の過去問が参考になります。

【日本橋併願入試（2・4科）】2月4日（日）

日本橋併願入試では、開智望のほかに開智日本橋学園、開智中、開智未来、開智所沢を受験することができます。出題されるのは開智日本橋学園の入試問題と同様の内容です。一度の入試で5校の合否判定が行われるほか、開智望、開智日本橋学園のキャンパスを含む複数の会場で受験することができます。

仲間と共に学び合い、高め合う６年間

【帰国生入試】11月23日（木・祝）

帰国生やインターナショナルスクール生などを対象とした入試です。英語のエッセイと国語・算数の基本的な内容が出題されます。希望すれば開智望だけでなく、開智日本橋学園、開智中、開智所沢の合否を判定することができます。帰国生は開智日本橋学園、インターナショナル生は開智望が試験会場です。

何回受験しても受験料は2万円

複数回実施される開智望の入試は、すべての入試を受験した場合でも受験料は2万円です。また、開智中や開智日本橋学園、開智未来などの入試をすべて受験した場合でも追加の費用は不要と非常に魅力的な制度になっています。これまでには、系列校を含め10回以上受験した受験生もいるとのこと。開智望は受験生の皆さんが１００％の実力を発揮できるように、多様な入試を用意しています。自分に合った入試を受験し、合格できるチャンスが多くあることが大きな魅力です。

入試問題ガイダンス

- 11月4日（土）入試問題ガイダンス（専願）
- 11月12日（日）入試問題ガイダンス（適性検査型）
- 12月24日（日）適性検査型入試対策会

開智望中等教育学校（共学校）

〒300-2435
茨城県つくばみらい市筒戸字諏訪3400番
TEL 0297−38−8220
s-promotion@kaichinozomi.ed.jp
関東鉄道常総線「新守谷駅」きずな橋より徒歩１分

田園調布学園 中等部・高等部

豊かな人生を歩める人になるために

建学の精神「捨我精進」のもと、探究、教科横断型授業、土曜プログラム、行事、
クラブ活動など体験を重視した教育活動を展開しています。生徒が学内での活動にとどまらず、
外の世界へも積極的に踏み出していくよう後押しします。

学校説明会 10月28日(土) 11月15日(水)

入試直前学校説明会【6年生対象】 12月9日(土) 12月13日(水)

帰国生対象学校説明会 10月28日(土)

2024年度入試日程

	第1回	午後入試	第2回	第3回	帰国生
試験日	2月1日(木) 午前	2月1日(木) 午後	2月2日(金) 午前	2月4日(日) 午前	12月3日(日)
募集定員	80名	20名	70名	30名	若干名
試験科目	4科 (国・算・社・理)	算数	4科 (国・算・社・理)	4科 (国・算・社・理)	A 国・算 B 英・算 C 算数 A・B・Cより選択 面接

※ご参加には本校ホームページのイベント予約サイトより事前予約をお願いいたします。
※各種イベントは、今後変更の可能性があります。必ず本校ホームページでご確認ください。

〒158-8512 東京都世田谷区東玉川2-21-8
TEL.03-3727-6121 FAX.03-3727-2984

https://www.chofu.ed.jp/

https://www.chofu.ed.jp/

新しい取り組みは学園ブログやInstagramにて更新していきます。ぜひご覧ください。

教えて中学受験

6年生

受験本番に向けて、子どもにどのようなサポートをしていけばいいのかと悩んでいる保護者の方へ

Advice

体調管理に気を配りながら、お子さんが不安にならないように、おおらかな気持ちで優しく見守ってあげましょう。

受験は合否という厳しい現実を伴います。5年生までは、まだその厳しさを身近に感じることは少ないですが、6年生になれば、入試が近づくにつれてどうしても合否に正面から対峙せざるをえません。そのため、受験生本人はもとより、そのご家族もプレッシャーに押しつぶされそうになりがちです。確かに受験は合格することが最終目的ですが、あまりに合否にとらわれすぎてしまうと、本番で実力を発揮できないということになりかねません。悔いのない受験ができるように、ご家族のみなさんが受験を子どもの成長の一過程ととらえて、お子さんが不安にならないように、おおらかな気持ちで日々接していくことが大切です。

また、これからはインフルエンザなどの感染症も心配になってくる季節ですので、お子さんの健康管理が受験成功の大きなカギになってきます。ご家族のみなさんは、これらのことをふまえて、受験生を優しくサポートするようにしてください。

疑問がスッキリ！

5年生以下へ

これから学校選びを始めるにあたり、何種類もある入試イベントのどれに参加したらいいのか悩んでいる保護者の方へ

Advice

受験生それぞれの目的に合わせた入試イベントがありますので、まずは学校の雰囲気がわかるイベントに参加してみましょう。

確かに様々な入試イベントが行われていて、どのイベントに参加すればいいのか迷いますよね。学校選びは、これからのお子さんの人生にとって大変重要なものになってきますので、しっかりと選んでいきたいものです。

色々な情報や偏差値などに惑わされずに、まずは気になっている学校の学校説明会やオープンスクール、学校見学会などに参加してみてはいかがでしょうか。実際に生徒や先生方と触れあってみると、その学校の雰囲気をなんとなく感じ取れるものです。また、体育祭や文化祭を受験生にオープンにしている学校も多くあります。6年生のこれからの時期ならば「入試問題解説会」などもおすすめです。

そして、学校選びのなかで不安に感じたことや聞いてみたいことがあれば、まず塾の先生に相談してみるのがいいと思います。受験生本人が在校生や先生と触れあってみてどう感じたのか、その気持ちを大切にして、学校選びを進めてほしいと思います。

開智未来中学・高等学校

自然豊かな渡良瀬の地より、本質を捉え深く考え続けるリーダーを育てる
8つのスクールバス拠点で1都5県から未来のリーダーが集まる

国際社会のリーダーを育てる

開智未来は２０１１年４月、開智中学・高等学校の「教育開発校」をコンセプトに開校し、13年目を迎えました。開智未来では３I's（探究活動・英語発信力・つなげる知能としてのＩＣＴ）を教育の柱として、「知性と人間をともに育てる」さまざまな取り組みを実践しています。

また、昨年度より藤井剛校長（前副校長）が着任しました。さいたま市開智中1期生と開智未来の1期生をともに6年間育て、開智学園の教育理念や進学実績のノウハウを熟知した校長就任により、さらなる発展が期待されています。

探究活動

開智未来では、フィールドワークをはじめさまざまな探究活動を行っています。中学1年は長野県飯山市での「里山フィールドワーク」です。ブナ林探究や水中生物探究で40ページのスケッチを完成させ、観察・発見・疑問を通じ「探究」の基礎を磨きます。中学2年の福島県での「ブリティッシュヒルズフィールドワーク」では、2泊3日間オールイングリッシュにチャレンジします。中学3年の関西方面での「探究フィールドワークHプロジェクト」では、2日間の個人研究を行うほか、広島で英語の「平和宣言文」を発表するなど、生徒の活動もさらにパワーアップしています。

中学１年の「里山探究フィールドワーク」

さらに高校1年での「才能発見プログラム」では興味関心のある分野について1年間かけて研究し発表を行います。このプログラムをつうじて将来の進路目標が明確になり、学校推薦型選抜の大学入試に活用するなど、大学進学に向けた生徒のモチベーションアップにつながっています。また、これらの探究活動の学年代表が成果を発表する「未来ＴＥＤ」も開智未来の伝統行事となりました。

世界水準の思考力と英語発信力

探究活動の集大成である高校2年での「ワシントンD.C.フィールドワーク」（全員参加）では、スミソニアン博物館での自由研究、現地高校生との交流や大学での講義などを体験します。

また、中学3年から高校2年を対象に

《2024年度入試 説明会日程》

	日程	時間	内容
オープンスクール	11月 4日（土）	9:50～11:50	授業見学・ミニ体験授業 学校説明会
探究型入試演習	10月29日（日）	9:30～11:30	思考力と基礎学力を図る入試演習 保護者対象説明会
	12月 2日（土）	9:50～11:50	
４教科型入試解説会	11月26日（日）	9:30～11:50	各教科の作問者による入試解説 入試・学校説明あり
	12月17日（日）		

※すべて予約制です。実施１か月前からホームページよりお申込みください。

■2024年度入試日程　特待生（T未来クラス）定員大幅増。すべての入試で特待合格判定を行います。

	1月10日（水）	1月11日（木）	1月12日（金）	1月14日（日）	1月15日（月）
	募集定員120名（T未来クラス60名・未来クラス30名・開智クラス30名）				
午前	＜探究１＞ 計算・読解＋探究科学	＜探究２＞ 計算・読解＋探究社会 または英		＜第２回＞ ４科・３科・２科	＜開智併願型＞ 開智中学「第２回」 の入学試験（４科） 併願判定できます。
午後	＜第１回＞ ２科（国・算）	＜T未来＞ ３科（国・算・理）	＜算数１科＞ 算数		

※開智併願型…開智中の入試で開智未来の合否判定ができます。T未来クラス（特待生）と未来クラスを判定します。
※T未来…T未来クラス（特待生）のみを判定します。　※算数１科…T未来クラス（特待生）と未来クラスを判定します。

「グローバルスタディプログラム」を校内で実施しています。このプログラムは同校生徒5名に対し海外留学生が1名入り、5日間のディスカッション・プロジェクト・プレゼンテーションをすべて英語で行います。これらを通じてグローバル時代になにが必要かを考え抜く5日間です。

ICT活用の最先端校

加藤友信前校長は、情報分野では第一人者で、開智学園全体のICT教育を推進するリーダーです。開智未来では、2017年度入学生よりタブレット端末を段階的に導入しており、現在は、在校生全員がタブレット端末を所有し活用しています。日常の授業ばかりでなく、課題の指示や提出、探究活動の研究、学校からの連絡事項など、学校生活全般に幅広く活用されています。

とくに2020年度の新型コロナにおける休校期間中は、朝のホームルームや健康観察をはじめ、3か月間で2360本のオンライン授業動画を配信し、授業を遅らせることなく進めたことにより、卒業生の大学合格実績の躍進につながりました。教育関係者からも、ICT活用最先端校の1校として評価を得ています。

少数制だからできる 1人ひとりの進路希望実現

開智未来は、募集定員1学年120名（高校募集含めて200名）と少数制で、「1人ひとりを丁寧に伸ばす」をモットーにしています。高校3年次には、難関理系・文系、国立理系・文系、私立理系・文系と進路希望別に6コースで選択授業を行います。

過去3年間の卒業生（461名）では、東京大学をはじめ国公立大学111名、早慶上理G－MARCHに377名が合格、また医系コース設置により医学部医学科へ27名合格（既卒含）と、近年、成果が表れてきました。

藤井剛校長からのメッセージ

「本校は2011年の開校以来、学びの技法、哲学の基盤の上に学力と人間をともに育てる学校づくりに邁進しています。AI（人工知能）の進出を含む激動の社会にあっても、的確に本質を見抜き社会に貢献できる人材、人生100年時代を迎えるにあたり、深く考え続けることのできる人間的な厚みをもったリーダーを育てていきたいと考えています。

開智未来は、埼玉北端の自然豊かな渡良瀬の地から、学びが本来もつ楽しさ深さを実体験し、最高峰に挑む心豊かなリーダーを世に送りだす教育を発信していきます」

藤井剛校長

8つのスクールバス拠点で１都５県が通学圏

開智未来中学・高等学校

【スクールバス案内】
JR宇都宮線/東武日光線・・・・栗橋駅下車　スクールバス18分
JR宇都宮線・・・・・・・・・・・古河駅下車　スクールバス20分
JR高崎線・・・・・・・・・・・・・鴻巣駅下車　スクールバス55分
東武伊勢崎線・・・・・・・・・・加須駅下車　スクールバス25分
東武伊勢崎線・・・・・・・・・・羽生駅下車　スクールバス40分
東武伊勢崎線・・・・・・・・・・館林駅下車　スクールバス35分
東武日光線・・・・・・・・・・・柳生駅下車　徒歩20分・自転車７分

所在地　〒349-1212 埼玉県加須市麦倉1238　ＴＥＬ 0280-61-2021
ＵＲＬ　https://www.kaichimirai.ed.jp/

学ナビ!! vol.198

School Navigator

聖園女学院《みそのじょがくいん》中学校

神奈川　藤沢市　女子校

それぞれの使命を見つけ 新しい自分に出会う学校

カトリックの学校として、キリスト教の世界観に基づいた人間教育を行う聖園女学院中学校（以下、聖園女学院）。最寄り駅から大通り沿いに歩くこと約10分、緑に囲まれた聖園女学院のキャンパスが現れます。「かけがえのない貴い使命をもつ1人ひとりを大切に」。この建学の精神が息づく豊かな環境に育まれ、生徒たちは伸びやかに成長しています。

聖園女学院の教育活動の目標は「Find your Mission 新しい自分に出会う学校」です。この言葉には、様々な出会いと経験を通して自らの使命を見つけ、友人たちと切磋琢磨しながらお互いの存在を認めあい、卒業後は社会へと大きく踏み出し、自分にしかない使命を他者とともに輝かせてほしいという願いが込められています。「少人数だからこそたくさんのチャンスがめぐってきます」「一生の友だちだと自信を持って言える仲間に出会えました」。聖園女学院は、そう語る生徒の笑顔であふれています。「本物のあなたでありなさい」「あなたはありのままで素晴らしい」というカトリック精神を体現したような場所が、聖園女学院です。

伸びやかに成長できる様々な教育プログラム

聖園女学院では、すべての教科で基礎学力の育成に力を入れ、培った知識をいしずえとして物事を深く思考できる学力の育成をめざします。中学では授業数の50％が国語・数学・英語の主要3教科にあてられ、簡単には答えが見つからない問題と柔軟に向きあいながら、論理的に解決していく姿勢を養います。

4技能をバランスよく身につけられる英語教育も特色の1つです。中学では、帰国生や英語力の高い生徒を対象とし、ネイティブ教員が週4時間授業を行うＡＣＥ（Advanced Class of English）クラスも用意しています。校内には昼休みや放課後にネイティブ教員と英会話や異文化体験を楽しめるＭＥＡ（Misono English Academy）Roomもあり、「英語のシャワー」を浴びながら英語力を磨ける環境が整っています。

希望者に向けた留学プログラムも魅力です。高1ではカナダ短期留学に、そして中3と高1～高2では給付型奨学金つきのニュージーランド留学にチャレンジできます。

そのほかにも、主体的に学習に取り組む姿勢を育む探究学習では、中学・高校ともにＳＤＧｓ（持続可能な開発目標）をテーマとし、段階的に課題解決学習の技術を身につけます。そして、すっかり定着したタブレット学習も聖園女学院の得意分野の1つです。自分のペースで予習復習できる教科学習だけでなく、課題発見・問題解決力を育める仕かけがたくさんあります。

南山学園の設置校として、南山大学との高大連携教育も実施。南山大学の教授を招いた模擬講義は、大学での学びを体験できる貴重な機会となっています。また、２０２２年度より上智大学の教育連携校となったことから、上智大学の教授による出張講義や大学キャンパスでの実習および施設見学を実施するなど、新たな高大連携も始まっています。

長期休暇中の補習・講習、外部講師や女子大学生メンターによる放課後支援など、生徒の学習意欲を引き出す環境も年々充実。聖園女学院の学びの場は進化を続けています。

School Data

所在地：神奈川県藤沢市みその台1-4
生徒数：女子のみ200名
ＴＥＬ：0466-81-3333
ＵＲＬ：https://www.misono.jp/
アクセス：小田急江ノ島線「藤沢本町駅」徒歩10分、小田急江ノ島線「善行駅」徒歩15分

学ナビ!! vol.199
School Navigator

昌平《しょうへい》中学校

埼玉　北葛飾郡　共学校

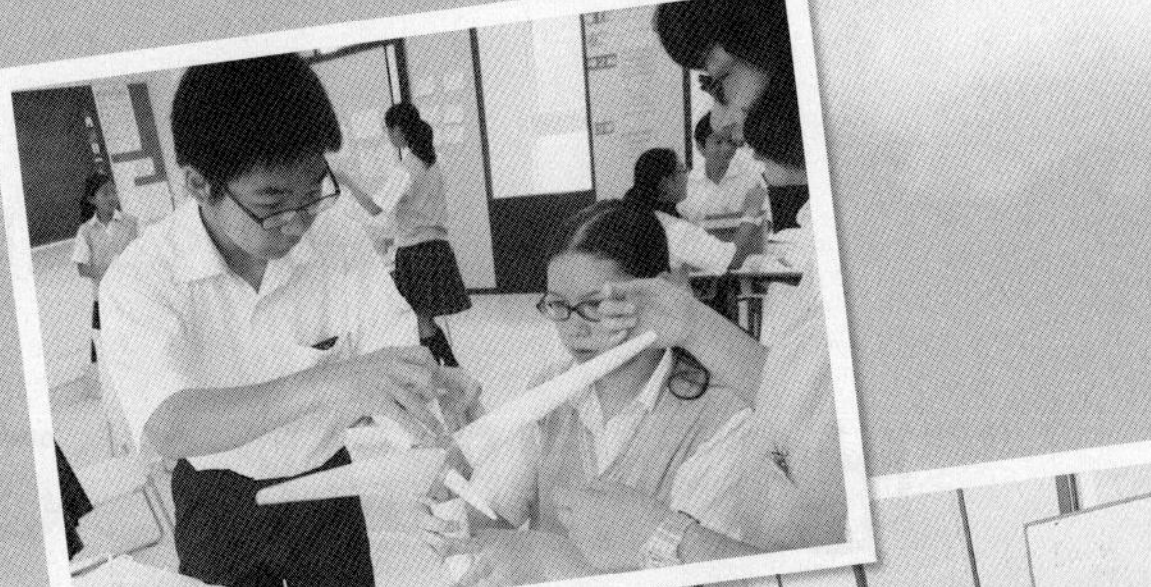

「手をかけ　鍛えて　送り出す」好きのチカラを育む中高一貫教育

埼玉県北葛飾郡にキャンパスをかまえる昌平中学校（以下、昌平）は、「手をかけ　鍛えて　送り出す」を教員モットーとする学校です。2010年に中学校を開校し、今春で中高一貫8期生が卒業。近年では、最難関国立大学に続々と卒業生を輩出しています。これからの国際社会において、率先して社会に貢献し、生涯一学習者として自らの人生を楽しく自由に学び進む人材の育成をめざす昌平の中高一貫教育が、進学結果にも表れていることがわかります。

2017年にはIB（国際バカロレア）MYP（Middle Years Programme 11～16歳を対象としたプログラム）認定校となるなど、特色の多い教育を実践する昌平の様々な取り組みをご紹介します。

国際バカロレア MYP認定校

グローバル人材育成プログラムに力を入れている昌平。前述のIBのMYP認定も埼玉県初と、グローバル社会におけるリーダー育成に積極的な姿勢がうかがえます。昌平のMYPは中学校の生徒全員を対象としている点が特徴で、希望者は高校でDP（Diploma Programme 16～19歳対象。海外大学入学資格である国際バカロレア資格を取得できるプログラム）のカリキュラムに進むこともできます。

すべての教職員がメンバーとしてかかわり、生徒の英語力を高める「パワー・イングリッシュ・プロジェクト」も昌平の特筆すべき取り組みの1つです。「全校生徒が英語を得意教科に」を合言葉に、英語に積極的に触れられる場面をいくつも用意することで、生徒の英語力を高めていきます。

具体的には、中1・中2のブリティッシュヒルズ語学宿泊研修や中3のハワイへの修学旅行、高2のカナダ修学旅行語学研修などの英語研修行事などがあげられます。

そのほかにも、全校レシテーションコンテスト（中学）、スピーチコンテスト（高校）、ボキャブラリーコンテスト（全学年）など、英語に親しむ行事も多く開催しています。希望者を対象とした、オーストラリアに2校ある姉妹校への語学研修もあります。これらの取り組みの結果、昌平では、中学生の約75％が英検準2級以上を取得して高校へ進みます。

世界への理解を深める「SDGs」の学び

中学での「SDGs（持続可能な開発目標）」の学びも、グローバル人材の育成を見据えた独自教育です。「世界」をテーマに3年間取り組む探究プログラムのほか、外務省や各国大使館、JICA（国際協力機構）といった、世界を理解できる外部施設を訪れる体験型学習など、「SDGs」を意識した学習を通してグローバルな視点を育みます。

特色あるプログラムがめだつ昌平ですが、基礎・基本を大切にしており、問題演習などを徹底的に繰り返す効率的な一斉授業にも力を入れています。土曜授業（第4土曜以外）をはじめ、朝は英単語テスト、放課後は週2回の8限講習（希望者対象）を開講。夏・冬・春の長期休暇中には必修の講習授業も実施します。

生徒それぞれの興味・関心、すなわち「好きのチカラ」を原動力に、生徒の能力を大きく伸ばします。

School Data

所在地：埼玉県北葛飾郡杉戸町下野851
生徒数：男子192名、女子174名
ＴＥＬ：0480-34-3381
ＵＲＬ：https://www.shohei.sugito.saitama.jp/contents/jhs/

アクセス：東武日光線「杉戸高野台駅」徒歩15分またはスクールバス、JR宇都宮線・東武伊勢崎線「久喜駅」スクールバス

NEWS 2023

＼入試によく出る時事ワード／

地球温暖化とこの夏の猛暑

今年の夏は気象庁が1898年に統計を取り始めてから最も暑い夏となりました。6月、7月、8月の3カ月の全国の平均気温は平年より1.76度高く、過去最高でした。これはこれまでの過去最高の2010年の1.08度を大幅に上回るもので、気象庁は異常気象としています。6～8月でみると、平均気温は仙台が平年より3.5度、同じく札幌は3.1度、新潟が2.3度、東京が2.2度高くなりました。

最高気温が35度を上回る猛暑日は6～8月で、東京は22日となり、これまで最高だった昨年の16日を大幅に超える暑さとなりました。同じく京都が38日、名古屋が29日、大阪が26日で、いずれも過去最多となりました。暑さは9月も続き、東京は9月28日に最高気温が30度を超す真夏日となり、今年90日目となりました。東京の真夏日は2010年が71日、2004年が70日ですから、これも大幅に記録を更新しています。90日は3カ月にあたりますから、今年はほぼ3カ月間、真夏日が続いたことになります。

全国気候表 2023年夏（6～8月）
～気象庁発表を基に本誌作成～

地点	平均気温（℃）	平均差（℃）
札幌	23.3	＋3.1
根室	18.2	＋3.8
青森	24.2	＋3.3
仙台	25.6	＋3.5
水戸	26.0	＋2.6
前橋	27.1	＋2.2
熊谷	27.4	＋2.3
東京	27.0	＋2.2
千葉	27.1	＋2.2
長野	25.0	＋1.6
新潟	26.4	＋2.3
富山	27.0	＋2.4
金沢	27.1	＋2.2

※西日本は省略

このような暑さになった原因として、気象庁はフェーン現象のほか、日本列島が高気圧に覆われ、湿った暖かい空気が入り込み続けたため、などとしていますが、今年の暑さは日本だけではないようです。

ヨーロッパの気象情報機関によると、7月の世界の平均気温は16.95度で、1940年以降で最も暑くなり、世界の平均海面水温も8月は20.98度で同じく過去最高。そして冬である南極海の海氷面積は8月としては最小になったと報告されています。

イタリア、カナダ、ハワイなどでは山火事が相次ぎ、ハワイでは97人が死亡、カナダでは焼失面積が過去最高の2倍に達したとされています。国連のグテーレス事務総長は「地球温暖化の時代は終わり、地球沸騰化の時代が到来した」と危機感をあらわにしました。

これは太平洋から南米沿岸にかけて海水面の気温が平年より高い状態が1年以上続くエルニーニョ現象が原因とされていますが、温室効果ガスの増加による地球温暖化の影響が大きいと考えられています。

各国は平均気温の上昇を産業革命時（18世紀後半～19世紀）より2度以下とする「パリ協定」を結んで、温室効果ガスの排出削減などに取り組んでいます。

日本も2030年度までに2013年度に比べて、温室効果ガスを46％削減することを目標にしており、先行地域を100カ所選定して交付金を出したり、洋上風力発電を推進するなどしていますが、各国が削減目標を達成したとしても、今世紀の末には産業革命時より3度以上の気温上昇が見込まれるとの試算もあり、どこまで温暖化を防止できるか、極めて厳しい状況だといわざるをえないようです。

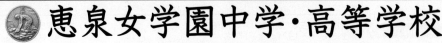

入試問題ならこう出題される

⇩

基本問題

日本の気象庁は、最高気温が35℃以上の日を［①　　］日、30℃以上の日を［②　　］日、25℃以上の日を［③　　］日、0℃ 未満の日を［④　　］日と呼びます。
また、最低気温が0℃未満の日を［⑤　　］日といいます。

そのほか、夕方から翌日の朝までの最低気温が25℃以上になる夜のことを［⑥　　］夜といいます。

下記2つの現象の名称を答えなさい。
・太平洋から南米沿岸にかけて海水面の気温が平年より高い状態が1年以上続くこと。→［⑦　　］現象
・降雨などで湿潤になった空気が山を越えて反対側に吹き下りたときに、風下側で吹く乾燥した風が高温となり、その付近の気温が上昇すること。→［⑧　　］現象

大気中にある二酸化炭素やメタンなどのガスは、太陽からの熱を地球に封じ込め、地表を暖める働きがあります。これらのガスを［⑨　　］ガスといいます。

［⑨　　］ガスは、大気中にわずかに存在しているものですが、このガスによって地球の平均気温は約14℃に保たれていました。しかし、［⑨　　］ガスが増えると地球の平均気温が上がることになります。
このことを［⑩　　］化といいます。

2015年11月30日から12月13日まで、フランス・パリにおいて国連気候変動枠組条約第21回締約国会議（COP21）が開催されました。1997年採択の［⑪　　］議定書に代わる2020年以降の、［⑨　　］ガス排出削減等の新たな国際枠組みを決めました。この協定を［⑫　　］協定と呼びます。先進国、途上国に関係なくすべての国に適用されます。

基本問題　解答

①猛暑　②真夏　③夏　④真冬　⑤冬　⑥熱帯　⑦エルニーニョ
⑧フェーン　⑨温室効果　⑩地球温暖　⑪京都　⑫パリ

※解答には右ページでは探しきれない語句もありますが、重要語句のため「基本問題」に含んでいます。

【タイアップ記事】

School Selection

課外活動で刺激を受け 学びへの意識を深める

東《とう》京《きょう》都《と》市《し》大《だい》学《がく》付《ふ》属《ぞく》中学校

School Information〈男子校〉

- Address：東京都世田谷区成城 1-13-1
- TEL：03-3415-0104
- Access：小田急線「成城学園前駅」徒歩 10 分
- URL：https://www.tcu-jsh.ed.jp/

日常の授業だけではなく、課外活動で得られる様々な刺激も大切にしている東京都市大学付属中学校。今回は宿泊行事について詳しく紹介しましょう。

中1から高1まで 毎年実施される宿泊行事

東京都市大学付属中学校（以下、東京都市大付属）では、日常の授業だけでなく課外活動も大切にしています。今回は、広報部の田中望先生に宿泊行事の様子についてうかがいました。

東京都市大付属では、中1から高1までの4年間、毎年一度、全員での宿泊行事を行っています。

中1は長野県で林間学校に出かけます。中2は北関東や東北地方で農業体験や震災学習を行います。中3は京都・奈良に出かけ、日本の文化や歴史について認識を深めます。高1では「仲間と創る研修旅行」と銘打ち、生徒たち自身がテーマや行き先を考える宿泊行事を実施します。

農業体験の１コマ。農家の方々の努力あっての自分たちの生活だと生徒は気づきを得ます

そのほかにも、任意参加の宿泊行事として中2スキー学校、中3マレーシア異文化体験プログラム、中3ニュージーランド3カ月ターム留学、高1ニュージーランド語学研修が用意されています。

非日常のなかで、学校生活とは異なる刺激を受けた生徒たちは、学びに対する意識を高めていきます。

宿泊行事以外にも様々な取り組みがあり、日常の学習と関連づけながら、大学進学以降の学びや社会生活に向けた準備をしています。

中3では「キャリア・スタディ」という行事に約半年間取り組みます。各界で活躍する卒業生を招待して「働くとはなにか」について講演をしてもらう「業《わざ》あり先生」や、卒業生の在籍する企業を訪れての「職場体験」を行います。

キャリア・スタディは卒業生のサポートによって成り立っており、このサイクルは脈々と引き継がれています。

田中先生は「いま、卒業生のお世話になっている現役生たちも、やがて学校に戻ってきて、後輩たちのために自らの経験を伝えてくれることでしょう」と生徒の成長に期待を込めて語ります。

中2は3泊4日で栃木県と福島県を訪問

今年の中2は9月に3泊4日、栃木県と福島県を訪れ農村生活体験と震災について学ぶプログラムに取り組みました。

「勤労の尊さを学ぶ」「お互いを尊重し、人間関係を豊かにする」「東日本大震災から命の尊さを学ぶ」などの狙いを生徒たちは事前学習で確認し、旅行に出発しました。

自分たちで収穫した野菜は格別の味！　笑顔がはじけます

栃木県大田原市付近で2泊、農家への民泊で農村生活体験を行いました。「この地域の方々は『農業体験』ではなく『農村生活体験』という名称にこだわりをお持ちで、生徒たちにただ作業を経験させるのではなく『農業を営みながら生活するとはどういうことかを知ってもらう機会になるように』と、様々な知恵を絞ってくださいました」（田中先生）

入村式では「大田原のお父さん・お母さん」との顔合わせを行いました。最初はお互いに緊張を隠せない様子だったものの、各家庭でいっしょに汗を流すなかで、色々なことを語りあったようです。

東京ではなかなか出会えない、精米されたばかりの新米や採れたての野菜や果物をともに味わいながら、「優しい時間を過ごすことができた」と生徒たち。

「退村式では『大田原のお父さん・お母さん』が、生徒と家族のように接し、別れを惜しむ姿がとても印象的でした。なによりも、地域が一丸となって私たちを愛情たっぷりに受け入れてくださる姿勢に、大変感銘を受けました」と田中先生も振り返ります。

3日目からは再び学年全員が合流し、福島県に向かいました。いわき市で東日本大震災の震災伝承施設と遺構見学を行い、語り部《べ》の方からの講話で学びを深めました。

現場の様子を知ることは、震災当時はまだ幼くてほとんど記憶に残っていない彼らにとって、大変印象深い経験となったようです。

今回は当時を知るだけではなく、災害直後の生活を考える「避難所運営シミュレーション」も行いました。「さすけなぶる（さりげなく／すばやく／けむたがらずに／ないものねだりはやめて／ふるさとのような）」をキーワードにお互い意見を出しあって、避難所運営で実際に起きた問題を解決しながら大震災の教訓を学びました。

「大規模・都市型・広域型といった環境での避難所生活は命の危険性が高い」→「それを防ぐために、人と人とのつながりで異変に気づき、環境を改善し、希望をつなぐ」→「日常ではそういった役割を行政が果たしているが、災害時は機能しなくなる可能性が高い」→「自分たちで『その場コミュニティ』を創る」というように、「人と人とのつながりづくりを進めること」が困難な状況下であっても暮らしやすい環境を生み出し、災害後の人の命を守るということを知ることができたようです。

教室での学びだけでなく、様々なプログラムを通じて生きる力を育む東京都市大付属。

幅の広い廊下、校内のいたるところにあるスタディ・ラウンジなど、その校舎にも学習を充実させる仕かけがたくさんあります。

すばらしい環境のもとで充実したプログラムが展開されている東京都市大付属に、ぜひ一度足を運び、その優れた学習環境を感じてほしいところです。

Event Schedule

●「授業見学ができる！」ミニ説明会〈要予約〉
12月 2 日(土)
1月13日(土)
両日とも10：00〜11：30

●入試説明会〈要予約〉
11月19日(日)…10：00〜12：30

ジュクゴンザウルスに挑戦！

熟語パズル

【問題】

空欄に共通して入る漢字を考える熟語パズルです。矢印の示す向きに従って、三字熟語を完成させましょう。

最後に、【A】【B】【C】それぞれの空欄に入る漢字を並べ替えると、さらにもう１つの三字熟語ができあがります。それが今回の答えです。

【A】

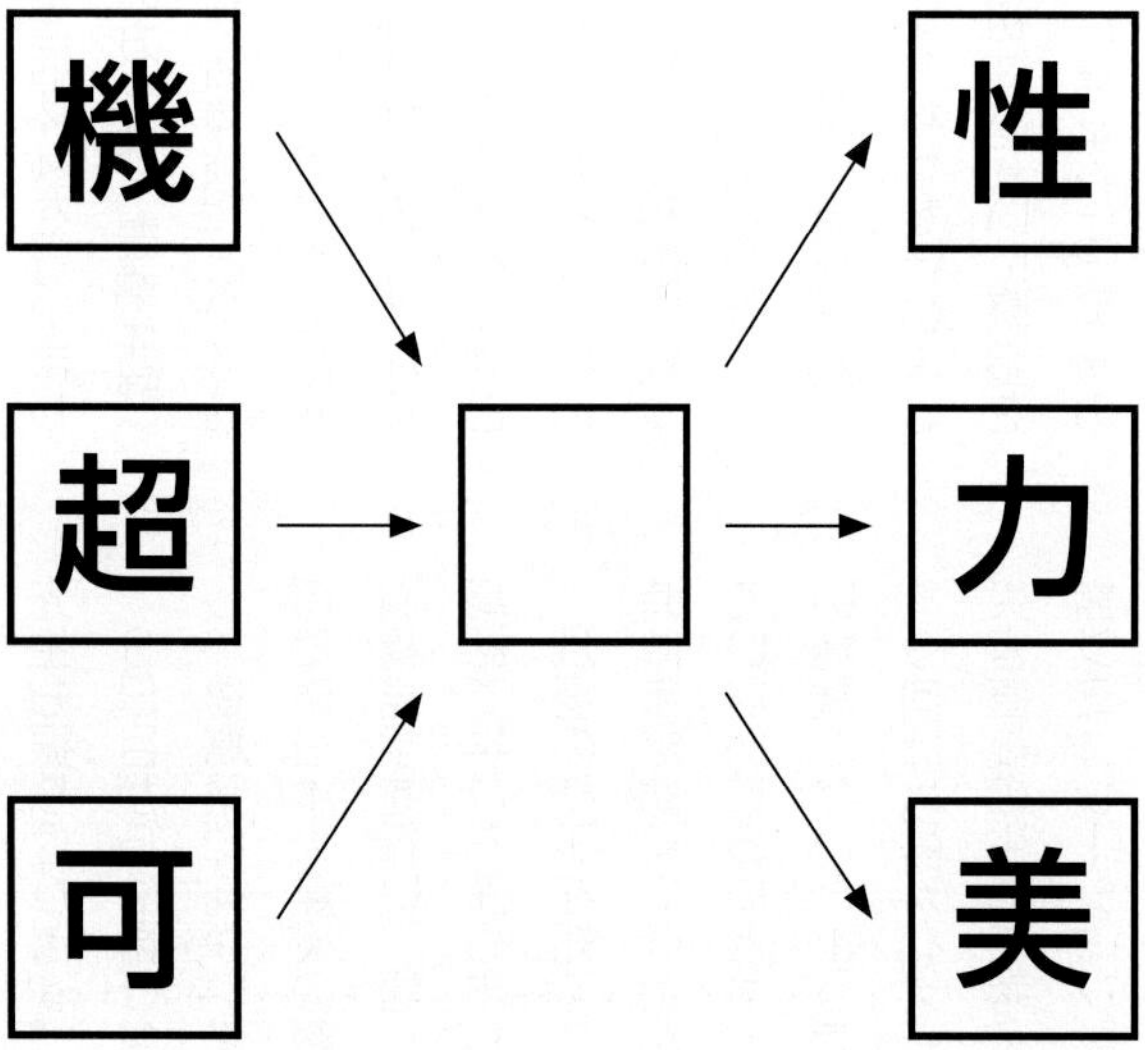

【A】のヒント

①とくに建築や工業製品などにおいて、余計な飾りなどがないことから自然にあらわれる美しさのこと。

②未来予知や念力といった、今日の科学では説明できない、人知を超えた不思議な力。

③一か八か、□□□に賭けてやってみよう。

答えは104ページ

【B】

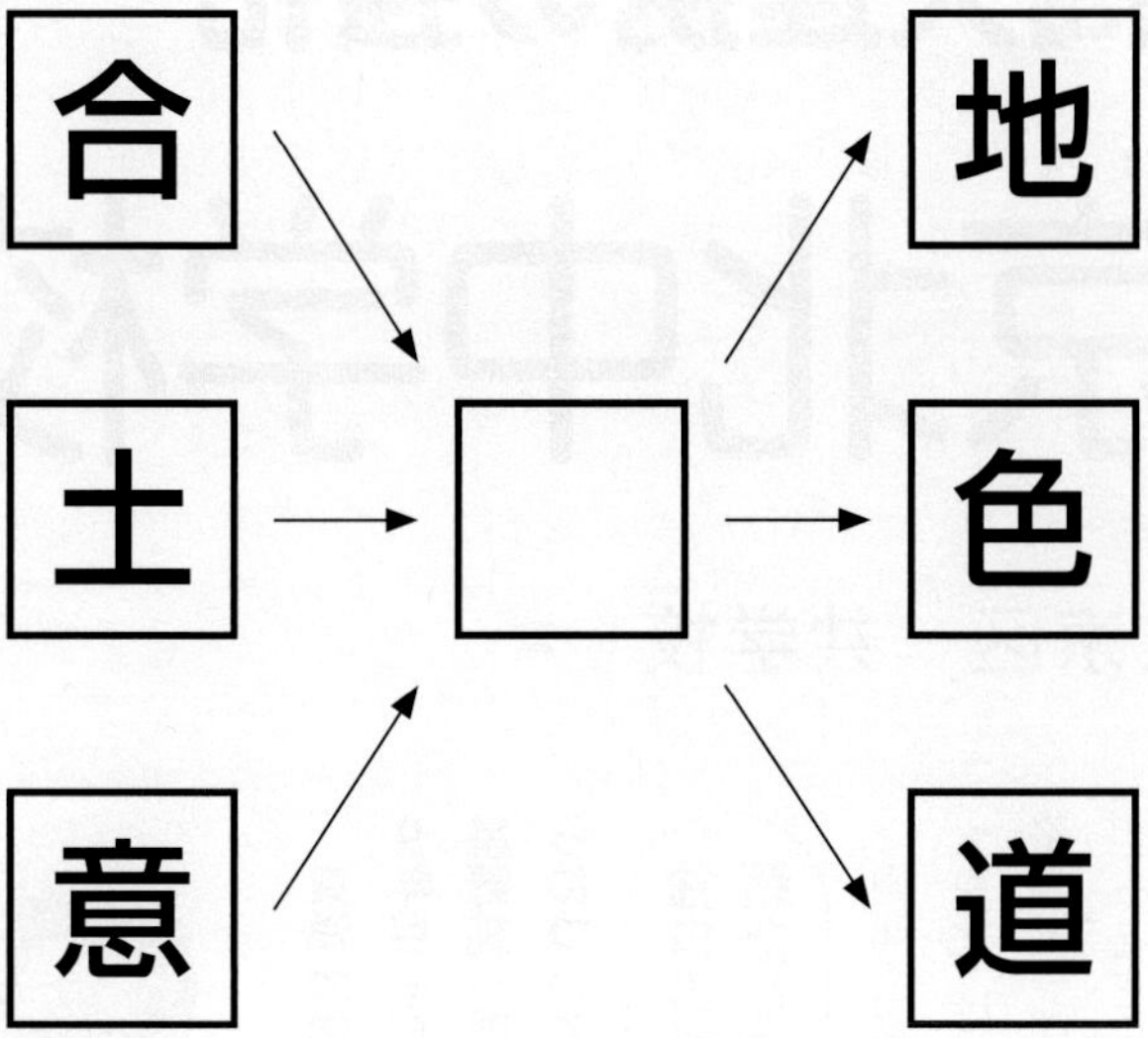

【B】のヒント

①武術の1つ。向かってくる相手の力を利用して投げ飛ばしたり、「当て身」をしたりすることに特徴がある。

②土のような色。病や疲労で活力を失った顔色を表現するときなどに使う。

③兄は空手のチャンピオンだが、オバケが苦手という「□□□なし」の一面もある。

【C】

【C】のヒント

①晴れわたった青空のこと。また、値段などがどこまでも上がっていくことのたとえ。

②いままで生活していたのとはまったく異なる、初めての土地や環境。

③□□□での運動は避けて、冷房が効いた屋内で過ごすようにしましょう。

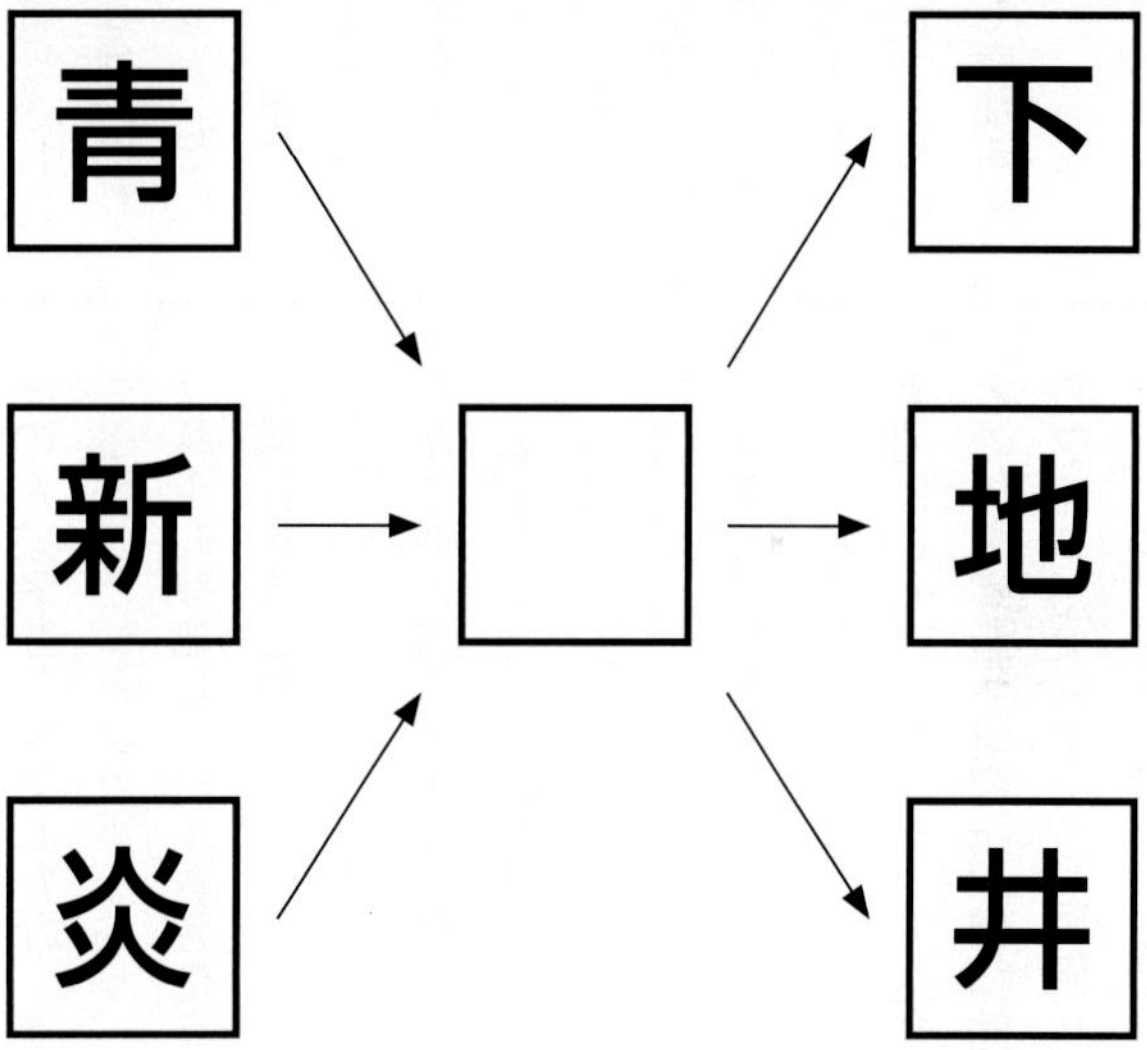

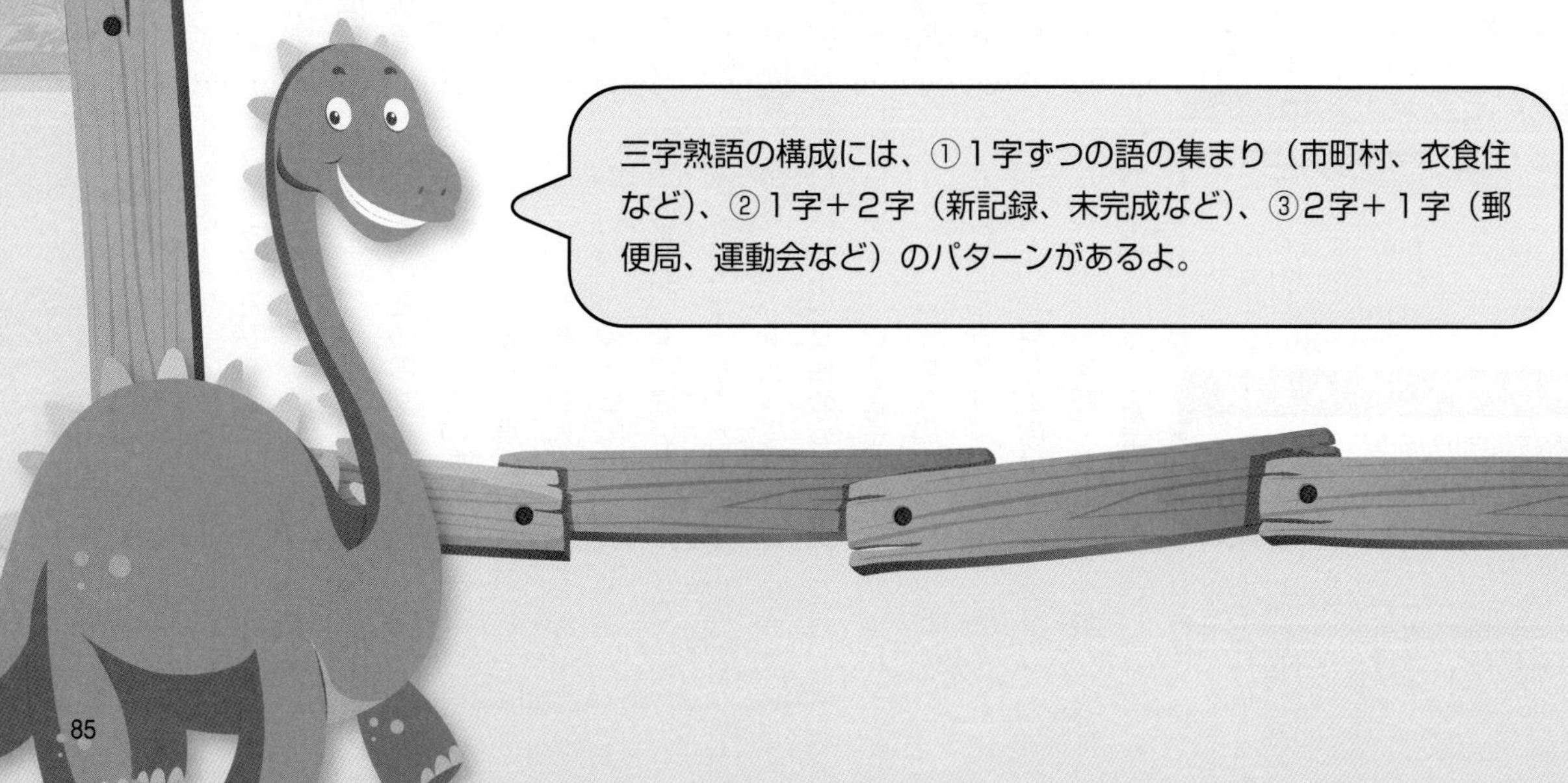

[タイアップ記事]

魅力に迫る

次なるステップとして進められる理数教育と中高大連携の強化

東《とう》洋《よう》大《だい》学《がく》京《けい》北《ほく》中学校

■ 東京都　文京区　共学校 ■

東洋大学の附属校化、共学化から9年目を迎えた東洋大学京北中学校。星野純一郎校長先生に同校のこれからについてうかがいました。

星野《ほしの》純一郎《じゅんいちろう》
校長先生

独自の哲学教育に加え新たなプログラムも

東洋大学京北中学校（以下、東洋大京北）は、一昨年校長に就任された星野純一郎先生のもと、独自の取り組みをさらに充実させるとともに、新たなプログラムを始めています。

　東洋大京北がめざすのは「本当の教養を身に付けた国際人の育成」。その教育の柱は、哲学教育、国際教育、キャリア教育の3つ。なかでも、哲学教育は他校にはない同校ならではのものです。全学年で「哲学」の授業が実施され、哲学エッセーコンテストも開催。希望者は哲学ゼミや刑事裁判傍聴学習会などにも参加可能です。

　一昨年からは、これらの取り組みに加え、海外の研修生を対象とする特許庁委託事業「知財研修」に高2の生徒が参加し、パテントコンテスト※の取り組み内容を英語で説明しました。また、昨年は「子どもの哲学国際学会」でも高2の生徒が60分間、英語で発表や質疑応答をしました。

　一方で、2019年からは東洋大学の生命科学部、食環境科学部と連携した課題発見型実験講座「未来の科学者育成プロジェクト」をスタートし、理数教育にも注力しています。

　「このプロジェクトは6つのテーマからいずれかを選び、実験や課題解決に取り組むものです。当初は中3の希望者が対象でしたが、高校でも継続したいという声があり、現在は高1も参加し、日本農芸化学会でも発表しました。

　さらに、このプロジェクトに参加した生徒と教員による発展的プログラム『KSST（京北スーパーサイエンスチーム）』もスタートしました。

　東洋大学と関係の深い、神経再生にバイオ3Dプリンティング技術を実用化しているベンチャー企業などとの体験学習や研究所、博物館を含むフィールドワークも実施しました。いよいよ今秋は、ハワイ島における大規模フィールドワークもスタートします」（星野校長先生）

　このように東洋大京北は附属校としての強みを持つとともに、東洋大学への推薦入学枠も用意しています。さらに、難関大学や国公立大学への進学のためのサポート体制が万全に整えられているのも魅力です。

　独自の哲学教育、理数教育を通じて、幅広い教養を身につけられる東洋大京北。今後さらに魅力的な人材を輩出していくに違いありません。

　「どんなことにも挑戦するという貪欲《どんよく》な気持ちを持って、諦めない姿勢で物事に取り組める生徒さんを待っています。いま苦手なことがあったとしても、大切なのは入学してからどう頑張るかです。成長しようと頑張る、私が見たいのはそんなみなさんの姿です。本校で新しい自分を見つけましょう」（星野校長先生）

入試イベント

学校説明会 要予約
12月16日 ㊏
15:00～16:30

入試問題対策会 要予約
12月23日 ㊏
動画配信により実施

学校説明会＆入試報告会
要予約
3月 9日 ㊏
15:00～16:30
小5（新小6）以下対象

※日程は変更の
可能性があります

SCHOOL DATA

所在地 東京都文京区白山2-36-5
アクセス 都営三田線「白山駅」徒歩6分、地下鉄南北線「本駒込駅」徒歩10分、地下鉄丸ノ内線「茗荷谷駅」徒歩17分、地下鉄千代田線「千駄木駅」徒歩19分
TEL 03-3816-6211
URL https://www.toyo.ac.jp/toyodaikeihoku/jh/

※自ら考え出した発明を応募するコンテスト

【タイアップ記事】

伝統と革新を調和させ「一隅を照らす」人材を育成

駒《こま》込《ごめ》中学校【共学校】

School Data

所在地：東京都文京区千駄木5-6-25
TEL：03-3828-4141　URL：https://www.komagome.ed.jp/
アクセス：地下鉄南北線「本駒込駅」徒歩5分、地下鉄千代田線「千駄木駅」・都営三田線「白山駅」徒歩7分

目的の異なる2つの「適性検査型入試」

ここ数年、受験者が増え続けている駒込中学校（以下、駒込）。その理由としてあげられるのが、目的の異なる2つの「適性検査型入試」です。どちらも2月1日午前に実施され、一方は東京都立小石川中等教育学校や東京都立白鷗高等学校附属中学校に準拠した問題で「適性Ⅰ・Ⅱ・Ⅲ」の3科、もう一方は千代田区立九段中等教育学校に準拠した問題で「適性1・2・3」の3科です。いずれも成績上位者には6種類の特待生制度が用意されています。

受験生のニーズに合わせた「特色入試」「特待入試」を実施

2日午前には、基本となる2科（国・算）、4科（国・算・社・理）入試のほか「特色入試」として、さらに3つの入試を設置しています。

「プログラミング入試」では、算数の四則計算・Scratchを用いたプログラミングの能力を測ります。「自己表現入試」はPCや図書室の蔵書を自由に使い、テーマに沿ったプレゼンテーション資料を作成する入試です。「英語入試」は、英語・国語・算数の3科を実施。英検準2級以上の取得者は英語の得点が100点換算となり、英語の試験が免除されます。なお国語と算数の問題は、同時刻に実施される2科、4科の問題と同じです。

さらに2日午後には、合格すれば3カ年または1カ年授業料が無償となる「算数一科」「国語一科」特待入試も実施しています。このように様々な入試を取り入れている背景には、時代が多様性を求めて変化していくなかでも、自分の得意なことを選んで挑戦できる人間になってほしい、という駒込の想いが込められています。

新しい時代のなかでも自己肯定感を持つ生徒を育成

AI（人工知能）の発達やグローバル化社会の到来で大きく変わりゆく現代、駒込では、そんな時代を生き抜いていくための知性とスキルを培っていきます。しかし、それ以上に重視しているのが、生徒それぞれに「どう生きるのか」という哲学を持つきっかけを与えることです。この思想を持ってこそ、世の中に貢献できる人間になることができると、駒込では考えています。

なかでも特徴的なのが、仏教・天台宗の理念をいしずえとした情操教育です。伝統行事である比叡山研修（高1）の一環として行われる30㎞回峰行、日光山研修（中2）、寛永寺研修（高2）では自らの心と向きあい、人との関係を改めて感じることで、AI時代にも折れることのない自我を形成します。

学校生活のなかで多様性を大切にしながら、自己肯定感と自信を育み、仲間とともに乗り越えられる力を身につけていくことができる学校です。

年30回実施する理科実験では、本物に触れることを大切にしています。

◉学校説明会　要予約

11月 8日㊌　18:00～19:00
11月18日㊏　14:00～15:30
12月10日㊐　10:00～11:30
　　　　　　14:00～15:30
1月14日㊐　10:00～11:30

◉入試日程

第1回 2月1日㊍午前

受験型	2科目・4科目 適性検査型A（3科目Ⅰ・Ⅱ・Ⅲ） 適性検査型B（3科目1・2・3）
定　員	国際先進コース50名

第2回 2月1日㊍午後

受験型	2科目
定　員	国際先進コース25名

第3回 2月2日㊎午前

受験型	2科目・4科目 プログラミング入試 自己表現入試　英語入試
定　員	国際先進コース25名

第4回 2月2日㊎午後

受験型	特待入試 1科目（算数または国語）
定　員	国際先進コース10名

第5回 2月4日㊐

受験型	2科目
定　員	国際先進コース10名

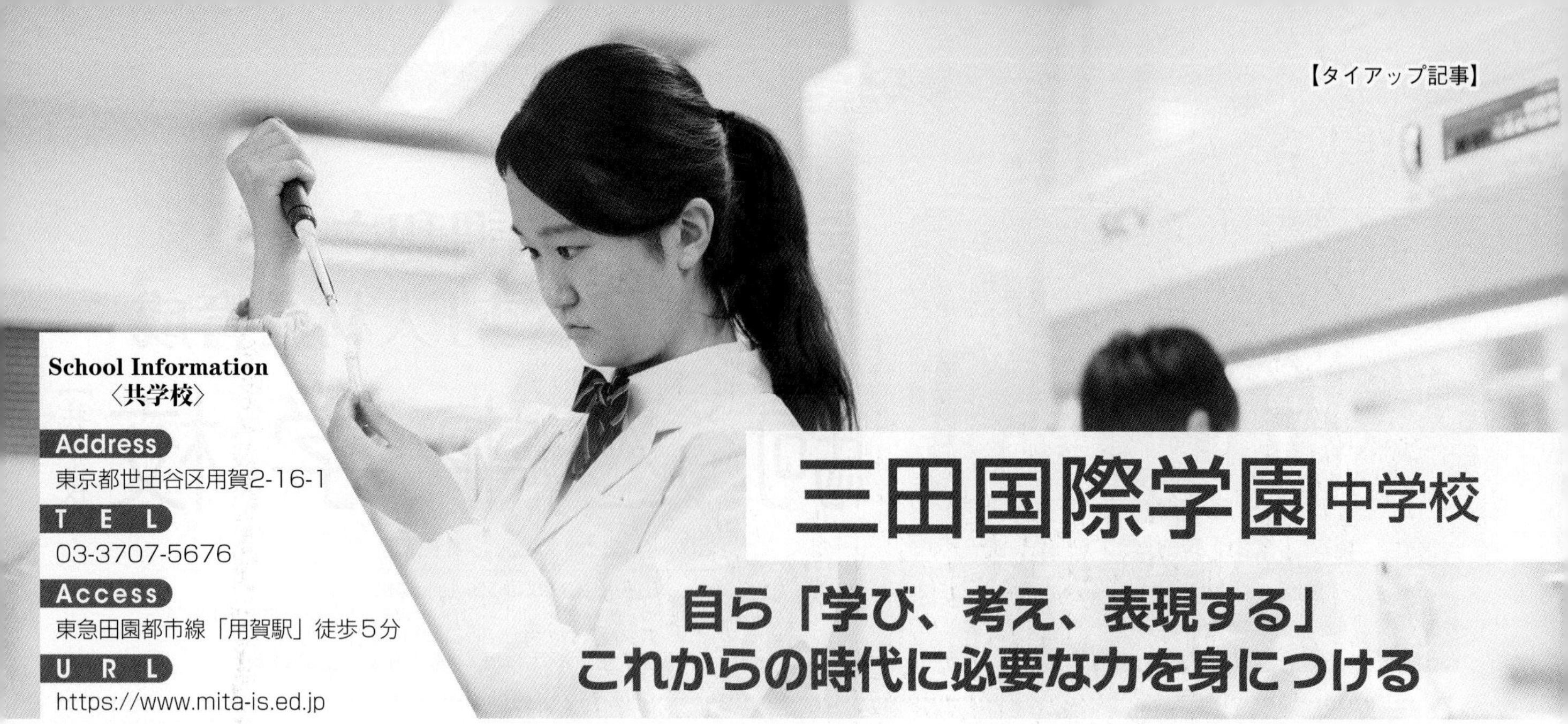

School Information
〈共学校〉

Address
東京都世田谷区用賀2-16-1

T E L
03-3707-5676

Access
東急田園都市線「用賀駅」徒歩５分

U R L
https://www.mita-is.ed.jp

三田国際学園中学校

自ら「学び、考え、表現する」 これからの時代に必要な力を身につける

生徒と教員の相互通行型授業を実施し、積極的に探究活動に取り組むなど、生徒の思考力や表現力を育む学習活動をいち早く実践してきた三田国際学園中学校は、生徒の興味・関心に応じた学びを実現する3つのクラスを用意しています。

生徒の思考力や発信力を育てる3つのクラス

これからの時代を生きる子どもたちのために「THINK & ACT」「INTERNATIONAL」「SCIENCE」の３つをキーワードとして、三田国際学園中学校（以下、三田国際学園）は、生徒が自ら学び、考え、意見を発信する力を育てる教育を実践しています。

そんな三田国際学園には、インターナショナルサイエンスクラス（以下、ISC）、インターナショナルクラス（以下、IC）、メディカルサイエンステクノロジークラス（以下、MSTC）という、それぞれに特色のある3つのクラスが設置されています。

ISCは、生徒の好奇心を喚起し、最大限に伸ばすためのプログラム「基礎ゼミナール」（以下、基礎ゼミ）が最大の特徴です。

中1の「サイエンスリテラシー」という授業で、論理的に物事を考える作法を学んだあと、中2では幅広い分野で用意されている講座から、生徒がそれぞれに興味のある講座を選びます。

基礎ゼミで選んだ講座に関連するテーマを1人ひとりが設定し、調査・研究・発表を行います。

「興味・関心がある分野について、自分で研究テーマを決めて、調査・研究・発表という探究活動を日々実践する基礎ゼミと、普段の授業で取り入れられている『相互通行型授業』によって、生徒たちは自分で考え、行動に移し、探究していく楽しさを知っていきます。そうして『THINK & ACT』を6年間続けることで、思考力や、考えたことを学校内外での発表などの行動に移す行動力・発信力を伸ばすことにつながります」（今井誠副校長先生）

三田国際学園のアイデンティティーの1つとも言える国際教育に関しても、ISCは十分な体制を整えています。

英語の授業は習熟度に応じて、Standard、Intermediate、Advanced

【表】2024年度　三田国際学園中学校　募集要項

試験日	2月1日（木）		2月2日（金）	2月3日（土）	2月4日（日）
	午前	午後			
入試区分	第１回	第２回	第３回	MST入試	第４回
募集定員	ISC（※１）：25名 IC（※２）：20名	ISC：10名 IC：10名	ISC：15名 IC：10名	MSTC（※３、４）：30名	ISC：10名
選考方法	ISC：４教科または英語・国語・算数・面接 IC：４教科または英語・面接	ISC、ICともに４教科	ISC：４教科または英語・国語・算数・面接 IC：４教科または英語・面接	算数・理科	４教科または英語・国語・算数・面接

	４教科	英語・国語・算数・面接（ISC）	英語・面接（IC）	MST入試
時間・配点	国語・算数 （各50分／各100点） 社会・理科 （計50分／各50点） 合計300点	英語（リスニング含む） （60分／100点） 国語・算数 （計50分／各50点） 面接（英語と日本語）本人のみ ※優遇措置あり	英語（リスニング含む） （60分／100点） 面接（英語と日本語） 本人のみ	算数・理科 （各60分／各100点）

※１：インターナショナルサイエンスクラスの略
※２：インターナショナルクラスの略
※３：メディカルサイエンステクノロジークラスの略
※４：１年次はISCに所属

※優遇措置：英検準１級以上、TOEFL iBT 72点以上、IELTS 5.5以上を保有している場合は英語筆記試験を免除。
出願後、1月29日（月）までにスコア表等の写しを提出した方に限ります。

の3つに分かれることで、日本語も交えた日本人教員とのチームティーチングによる授業から、インターナショナルティーチャーによるオールイングリッシュの授業まで、生徒のレベルに合った英語の授業を受けることができます。

ホームルームクラスは、英語力にかかわらず、帰国生も含めた多様なバックグラウンドを持つ生徒で構成されており、普段の学校生活から「INTERNATIONAL」な環境で学ぶことができます。

ICは、ホームルームもインターナショナルティーチャーによって英語で進められる、よりグローバルな環境のクラスです。

主要教科（英・数・理・社）は、ImmersionとAcademyの2つに分かれて学びます。Immersionはおもにこれから英語を学び始める生徒が所属しますが、英語だけでなく、数学・理科・社会も中3までに段階的にオールイングリッシュの授業に移行します。Academyは、帰国生を中心に、最初からこの4教科をオールイングリッシュで進めるグループです。

専門分野を持つインターナショナルティーチャーが、英語以外の各科目を教えることも特徴です。

また、ICには「Academic Seminar」があり、中2からISCの基礎ゼミのような探究活動を英語主体で行います。

ICの生徒は、高校では基本的に「インターナショナルコース」に進みます。ここでは日本にいながらにして、西オーストラリア州の高校卒業資格の取得も可能になる「デュアルディプロマプログラム（DDP）」に参加できるという強みもあります。

MSTCは、MST入試を経て入学する生徒を主体として、中2からスタートするクラスで、中1次はISCで学びます。

クラス名の通り、理系分野について重点的に学ぶクラスで、中1次のサイエンスリテラシーで科学的なアプローチを身につけたあと、中2から始まる「基礎研究α」で、理系分野の探究活動を行います。

理系分野をより深く学ぶクラスとはいえ、ISCでの1年間があることで様々な生徒とかかわることができ、MSTCに進んだあとも、文理の枠を超えた学びへの意識を持ち続けられるところが、三田国際学園らしさと言えるでしょう。

このように、それぞれに特徴のある「世界標準」の教育を実践する、3つのクラスで学ぶことができる三田国際学園。

ISC（写真上）、IC（写真下）、MSTCと3つの特徴あるクラスが設置されています

来春の入試では より第1志望受験者にチャンスが

2024年度の入試について、最後に見ていきましょう。

今春の入試からの変更点は、2月1日午後は4教科入試のみになりましたが、2月1日の午前と、2月4日の午後入試に英語入試も追加したことと、募集人員を増やしたことです。今井副校長先生は「いずれも、本校を強く志望してくれる受験生により多く入学してもらいたいという狙いです」と説明されます。

基本となる4教科入試は全教科、基本問題が30%、応用問題と思考力問題が35%ずつという割合。

三田国際学園の教育理念に沿って、思考力問題でしっかり得点できる、考える力や表現力の高い受験生を評価したいという思いから、こうした配分となっています。

「思考力問題を重視してはいますが、その一方で、基本・応用問題で得点の65%になるため、これまでに積み重ねた基礎学力を発揮してもらえれば、十分に合格基準に達することができます。そのうえで、さらに思考力問題にも積極的に挑戦してもらい、『私はこう思う』というものを思いきって出してもらうことでさらに加点されていく、と考えてもらえるといいですね」（今井副校長先生）

三田国際学園は、他校に先駆けて教員と生徒の双方向型の授業スタイルや探究活動を重視し、国際教育にも注力。さらに理系教育にも力を入れることで、多様な人材を国内外の大学に輩出し始めています。

興味を持った受験生のみなさん、ぜひ一度、学校に足を運んでみてはいかがでしょうか。

Event Information
〈すべて要予約〉

MITA International Festival
10月28日(土)・29日(日)

学校説明会・入試傾向説明会
11月11日(土)、12月2日(土)

親子でやってみよう

科学マジック

ビタミンCって漂白剤？

みなさんは漂白剤を知っていますか。家庭では洗濯や食器の除菌などにも使われています。

危険性もあるので取り扱いには注意が必要ですから、子どもは使ってはいけません。

しかし、もっと身近な物質が漂白剤のような役目をすることもあるので、今回はそれを紹介します。

身近な材料を使い、化学反応を利用した科学マジックです。

step 1 用意するもの

①うがい薬（ヨウ素入りのもの） ②割りばし ③ビタミンC入りのアメや錠剤 ④水が入った透明なコップ

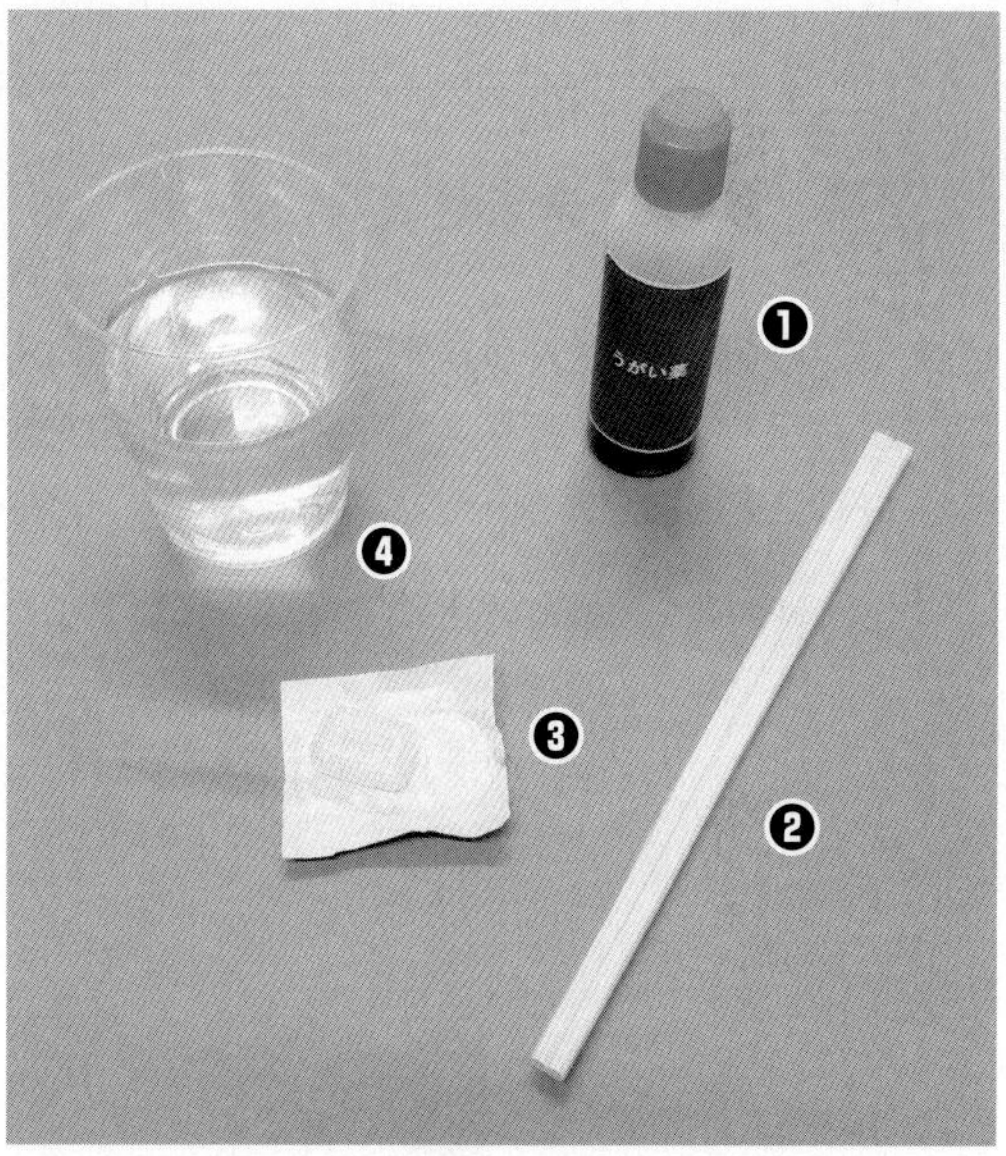

step 2 うがい薬を水に入れる①

うがい薬を水に入れます。うがい薬に使われている成分は、おもにポビドンヨードです。ポビドンヨードはヨウ素のことですが、水に溶けて濃いこげ茶色をしています。

step 3 うがい薬を水に入れる②

うがい薬を10滴ほど水にたらして、うがい薬の水溶液をつくります。水溶液の色がウーロン茶ぐらいの濃さになるまで入れます。

step 4 うがい薬を水に入れる③

うがい薬の濃さが均一になるよう、割りばしでかきまぜます。

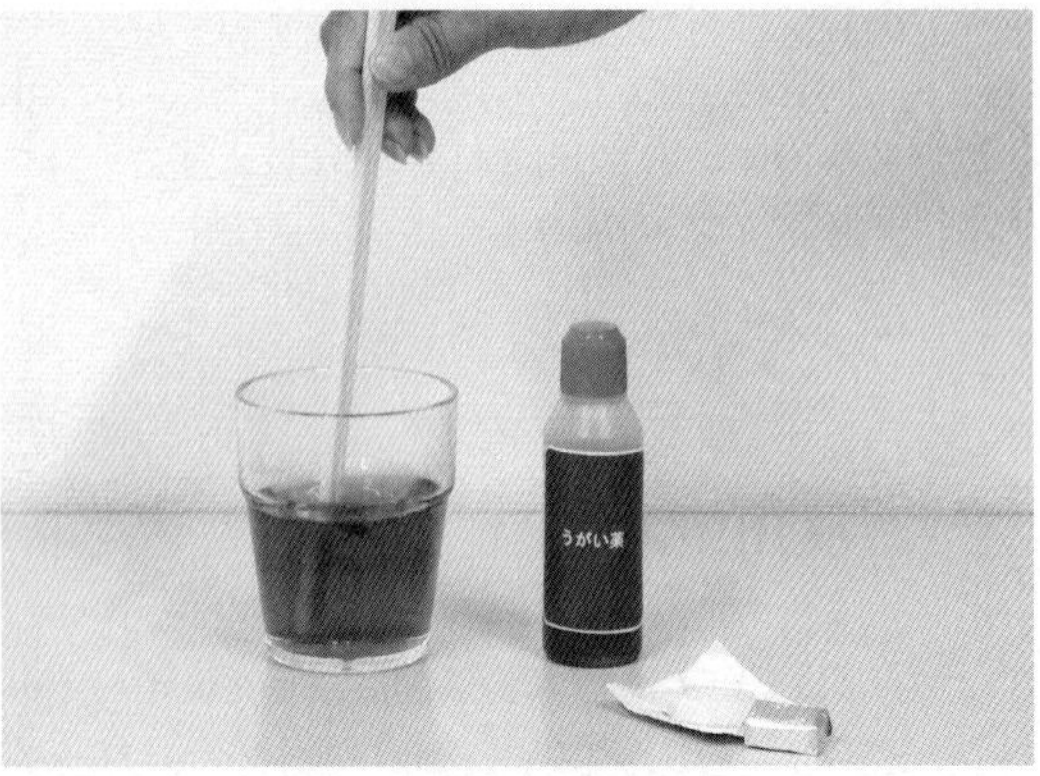

step 5 ビタミンC入りアメを投入

ビタミンC入りのアメや錠剤を1粒、水溶液に入れます。レモン汁などでも代用できますがビタミンCの含有量が少なく反応は薄くなります。

step 6 再びかきまぜてみる

ビタミンCのアメが入った水溶液を、そのアメごとかきまわしてみます。ん？　なぜか色が薄くなってきたような……

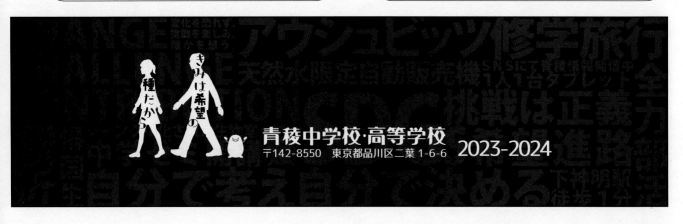

親子でやってみよう 科学マジック

step 7 かきまぜること15回ほどで無色透明に

グルグルと10～15回ほどかきまぜていると、さっきまでのこげ茶色の水は無色透明になりました。

解説

「酸化・還元反応」のうち還元を利用したマジックです。

うがい薬のおもな成分であるポビドンヨードはヨウ素を多く含んでいます。ヨウ素は、酸素、炭素などのように自然界にある基本的な物質の１つです。

ヨウ素は水に溶けているときは、こげ茶色の水溶液です。

ヨウ素液にビタミンＣを入れると、ヨウ素が還元されてヨウ素イオン（無色）になって茶色の液が無色になります。

還元剤としてレモン汁などを使う場合は、ビタミンＣの量が少ないため、ヨウ素液にレモン汁を多量に入れないと反応が鈍いです。

この現象は、衣類などの汚れた色を白くする「漂白」に似ていますが、漂白は色のついた物質を壊して白い物質（液体では無色）に変えることです。漂白されたものは元の色に戻ることはありません。

しかし、還元によって無色となったヨウ素イオンは、ヨウ素が壊れてしまうのではなく、色が見えない物質になっているだけです。還元があれば逆の酸化もできます。ヨウ素イオンは酸化剤を使った「酸化」という作業でヨウ素になり、元のこげ茶色に戻ります。身近な酸化剤には消毒液のオキシドールがあります。オキシドールは過酸化水素を薄めたものです。

動画はこちら↑

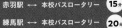

国際バカロレアMYP・DP認定校！

21世紀型教育を実践 開智日本橋学園の魅力

２０１５年４月にスタートした開智日本橋学園は「世界中の人々や文化を理解・尊敬し、平和で豊かな国際社会の実現に貢献できるリーダーの育成」を教育理念に、開智学園で培われた創造型・探究型・発信型の教育を取り入れ、さらに生徒の能動的な学びを深めた21世紀型の教育を行っていく共学校です。

平和で豊かな国際社会の実現に貢献するリーダーの育成

変化に富んだ現代社会を生きるためには、自分で課題を見つけ、解決し、新しいことを創造する力が必要不可欠です。そのため開智日本橋学園では、生徒自らが学ぶ「探究型の授業」や「フィールドワーク」などを通じて、世界が求める創造力、探究力、発信力を持った人材の育成をめざしています。

また学校生活のいたるところで、自らが判断し、自分の責任で行動することを生徒に求めています。学校行事やその他の自主的な活動等に自分の意志で挑戦することで、成功の感動、喜び、そして失敗の悔しさ、教訓等々を数多く味わってほしいと思っています。それらを積み重ねることで、人として大きく成長し、他者を理解できる心の広い人間に育ってもらえればと願っています。

生徒が主体になって学ぶ「探究型の授業」

開智日本橋学園の「探究型の授業」では、まず教師が疑問を投げかけ、生徒が様々な角度から考え、調べ、友だちと議論しあい、解決していきます。教師は、その過程で適切なアドバイスをし、生徒たちの思考がうまく進むようにリードしていきます。生徒自らが学ぶのが、この「探究型の授業」の特徴です。

また「探究型の授業」では論理的、批判的に物事を考える力や、課題を発見したり、問題を解決したりといった能力、さらにはコミュニケーション能力などを効果的に引き出すことができます。生徒自らが学んでいく形で行われる授業であるため、従来型の授業に比べ、生徒の学習意欲は非常に高くなっていきます。

中高一貫の国際バカロレア教育認定校（ＭＹＰ・ＤＰ）

開智日本橋学園は、国際バカロレアのＭＹＰおよびＤＰの認定を受けた中高一貫の国際バカロレア教育認定校です。

この教育の特徴は、知識の習得が目標なのではなく、実社会との結びつきという視点を持ちながら、自ら進んで考え、探究し、表現することで学んでいくというものです。

国際バカロレアの教育プログラムを取り入れることで、開智日本橋学園の教育理念である「生徒が自ら学ぶ探究型の学び」の効果は飛躍的に高められています。国際標準のこのプログラムは、海外大学への進学の可能性を広げるものではありませんが、探究ベースの深い学びを実践するという点では、国内難関大学への進学を志す生徒たちにとっても大変効果のあるプログラムといえます。

「受験のためだけの勉強ではなく、生涯をかけて使える本物の学力、そ

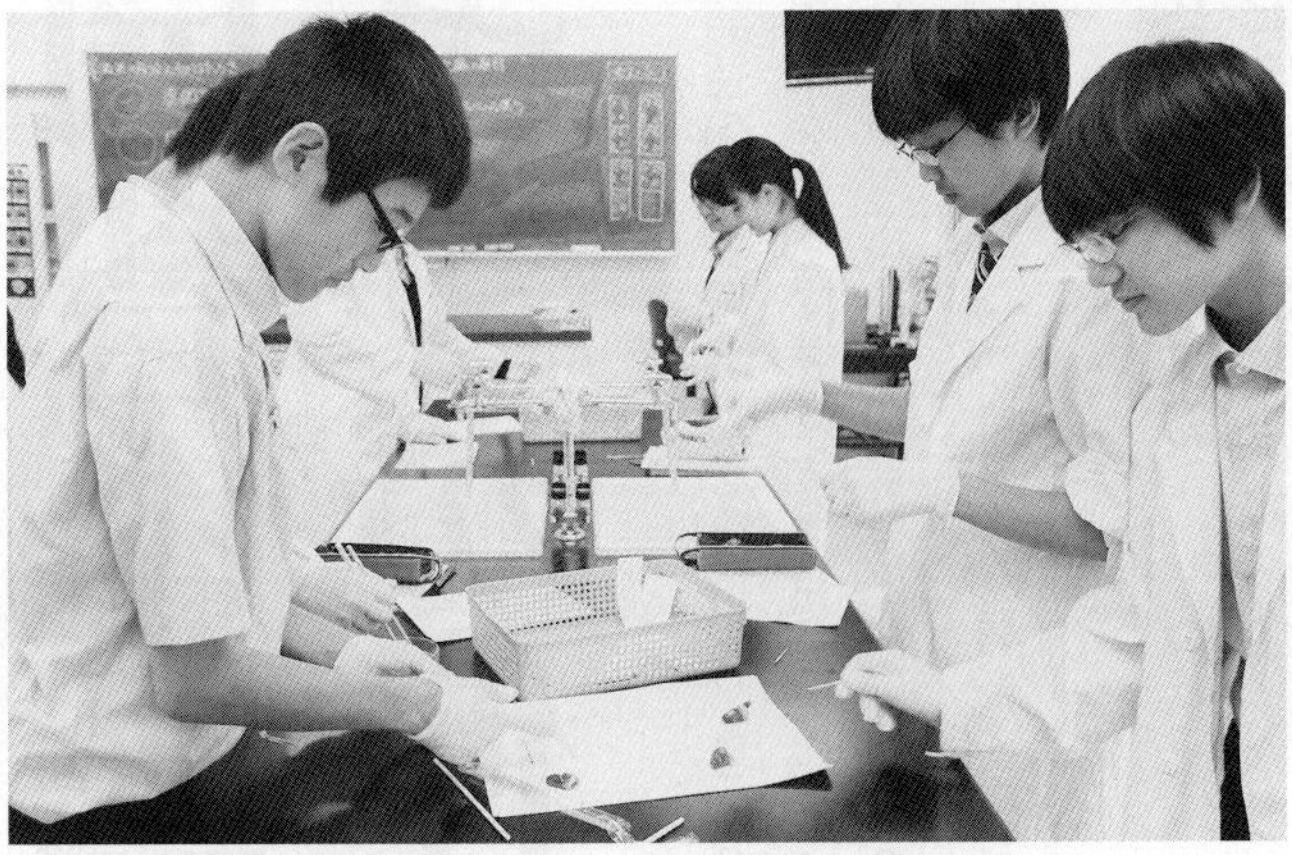

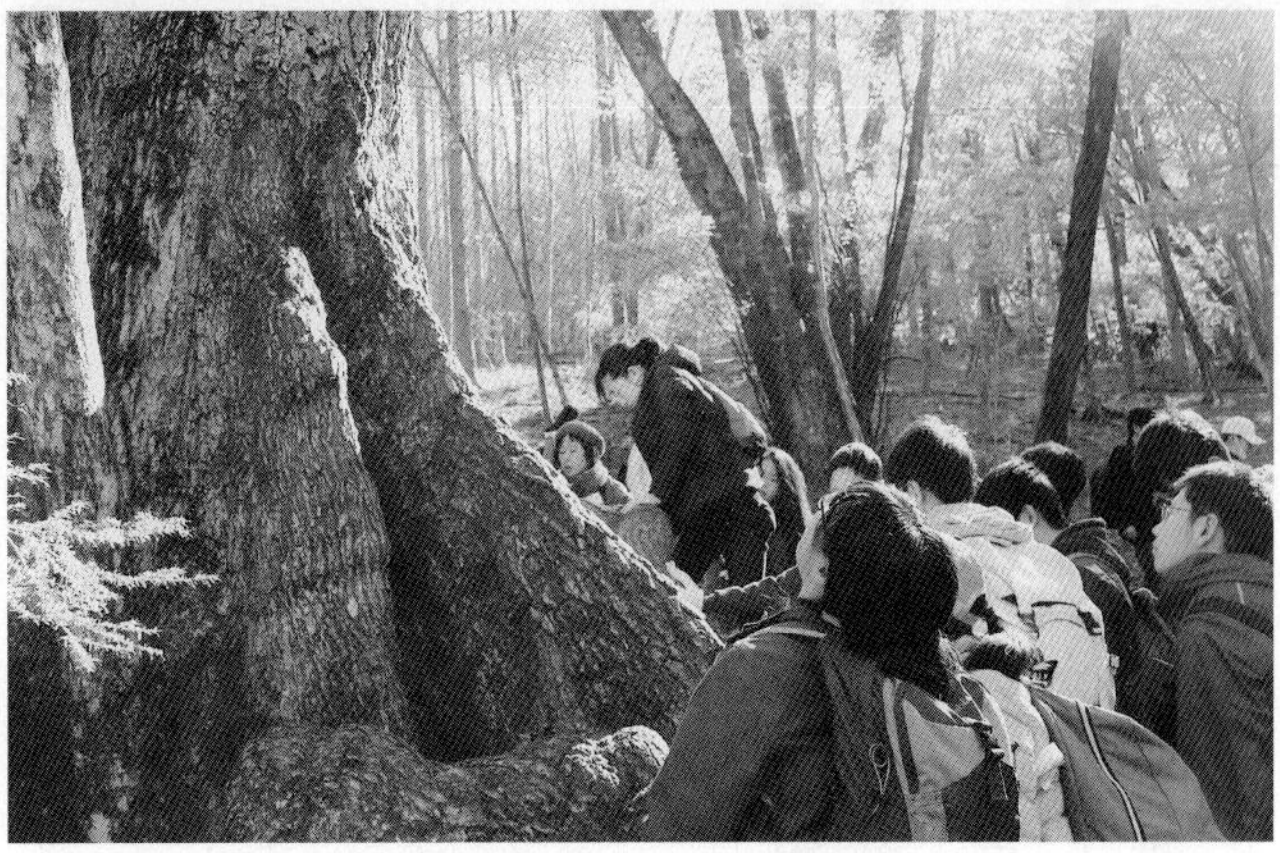

して自ら学び続けるという強い意志を育む」、これが国際バカロレア教育を取り入れた開智日本橋学園の教育目標です。

【入試の特色】算数単科入試でめざせる特待生

「論理的・批判的に物事を考える力や、発表やプレゼンテーション、ディスカッションなどのコミュニケーション力は、入学後に伸ばす」という思いから開智日本橋学園では、2科（国語・算数）・4科（国語・算数・理科・社会）の入試によって、探究的な学びの土台となる〝知識の習得力〟を見たいと考えています。

そのなかでも特待生を選考する「特待生入試」は、合格すれば必ず特待生になることができる入試で、4科入試のみならず算数単科でも受験することができます。算数単科はより高度な〝思考力〟を要する入試となっており、「試行・思考」することが好きな生徒にはぜひ挑戦してほしい入試です。

基礎基本を着実に身につけた方、バランス良く4教科を学んできた方、英語力や論理的思考力を磨いてきた方など、開智日本橋学園では、様々な個性や得意を持った生徒を積極的に迎えることで、多様性豊かで、お互いが世界を広げあうことのできる環境の創造をめざしています。

開智日本橋学園中学・高等学校

<共学校>

〒103-8384　東京都中央区日本橋馬喰町２－７－６
TEL　03-3662-2507
https://www.kng.ed.jp
<アクセス>
JR総武線・都営浅草線「浅草橋駅」徒歩３分
JR総武線快速「馬喰町駅」徒歩５分
都営新宿線「馬喰横山駅」徒歩７分

《学校説明会日程》

11月11日(土)	10:30～/12:30～
12月 2日(土)	10:00～ ※出題傾向説明会
12月 9日(土)	10:30～/12:30～
1月13日(土)	10:30～/12:30～

※イベントの最新情報は学校ホームページをご確認ください。

開智中学校
キミが伸びる！　開智で伸びる!!《PR》

開智の学びは高い志を持ち、専門分野で社会貢献できるリーダーを育てます。
未来をめざすキミ！　自分で選ぶ4コースの仲間とともに開智で伸びよう。
ハイレベルをめざすキミ！　２０２４年度からS特待を対象とした「創発クラス」をスタートします。
1月11日実施の特待A入試や1月12日特待B入試にS特待で合格して、ハイレベルな仲間と学びあおう！

2024年度入試のおもなトピック

【トピック①】・・・入試名称を変更。

先端1　⇒　第1回
先端特待　⇒　特待A
先端A　⇒　特待B
算数特待　⇒　算数特待
先端2　⇒　第2回

※各入試の科目・配点・時間・難易度は昨年度から変更ありません。

【トピック②】・・・（仮称）開智所沢中等教育学校と共通入試を実施。

開智中学校（以下、開智）は1月の入試をすべて、２０２４年度開校予定の開智所沢と合同で実施します。１つの試験を受験することで2校の合格が得られるチャンスです。出願時に、開智のみ判定・開智所沢のみ判定・両方判定から選択してください。

【トピック③】・・・2月4日に開智日本橋学園中学校と合同で入試を実施。

開智日本橋学園の第４回入試を利用して開智の合否判定をする日本橋併願入試を実施します。

※出願はWeb出願専用サイトから行います。学校ホームページからアクセスしてください。（12月1日出願開始）

自分の力が最大限に発揮できる多様な入試問題

1月の入試は、**第1回**、**特待A**、**特待B**、**算数特待**、**第2回**の順で5回実施します。各回の問題傾向および難易度は次のとおりです。

開智中学校会場

第1回入試・1月10日（水）

都内上位校の問題レベルとなっており、募集定員および合格者が一番多い入試です。特待合格も出ます。

特待A入試・1月11日（木）

都内最難関校の問題レベルとなっており、合格者全員が授業料全額給付のS特待となります。知識の量だけでなく、出題の意図を読み取る読解力と知識を活かす思考力を問う問題が出題されます。また、合格者は全員「創発クラス」の対象となります。

特待B入試・1月12日（金）

都内難関校の問題レベルとなっており、記述力を必要とする問題から基本的な知識を用いる問題までバランスよく出題されます。一部、特待Aと同等レベルの読解力と思考力を必要とする問題も出題されます。

合格者の半分以上が特待生となる入試です。

算数特待入試・1月12日（金）午後

算数1科の午後入試です。特待Bの取り組みやすい問題レベルから特待Aレベルまで幅広く出題されます。

合格者全員が特待生（S特待、A特待、準特待）となる午後入試です。

第2回入試・1月15日（月）

標準的な問題が多く出題される入試です。出願時に希望すると1つの入試で開智、開智所沢、開智未来、開智望の最大4校の合否判定が得られます。

その他入試についての詳細は学校ホームページをご覧ください。

さいたまスーパーアリーナ会場

最難関校の併願としても最適な開智の入試

開智の入試は、開智を第一志望とする受験生はもちろんのこと、他校との併願者も多く受験しています。以下に他校との併願者にとってのメリットをご紹介します。

1. 入学手続きは2月10日（土）まで

入学手続きの締め切りは2月10日（土）正午です。2月校を受験する方にとっても安心できるスケジュールです。

2. 入学金は10万円

入学手続きの際には入学金10万円が必要です。第1期納入金は3月1日（金）までに納入してください。入学手続き後、入学を辞退した場合には、入学金を除き納入した全額が返金されます。初年度納入金は63万8000円です。

3. 受験料への配慮

2万円の受験料で開智の5回の入試全てを受験することができます。さらに、開智未来、開智日本橋学園、開智望、開智所沢に出願しても、追加の受験料は発生しません。開智の系列校を受験することで様々な入試問題に触れることが可能です。

4. 得点通知により実力をチェック

出願時に希望すれば自分の各教科の得点を知ることができます。ホームページでは得点分布表を公開しますので、本番の入試で自分の力をチェックすることができます。

5. アクセスの良い受験会場

1月10日（水）実施の第1回入試は開智中学校会場以外にさいたま新都心、東所沢にも外部会場を設置します。1月11日（木）実施の特待A入試では開智中学校のほかに、さいたま新都心、東所沢に加えて、川口でも入試を行います。とくにさいたま新都心会場では新たにもう一つ試験会場を設けるため、この日の受験定員が大幅に増加し、さいたま新都心会場が選びやすくなります。

その他、1月12日（金）午前の特待B入試、同日午後の算数特待入試は開智中学校、東所沢と大宮会場（大宮駅徒歩3分）、1月15日（月）の第2回入試は開智中学校、川口、東所沢と開智望中等教育学校会場で実施するため、それぞれ受験しやすい会場が選択できます。

大学入試で終わらない人材の育成

開智では、様々な個性や得意を持った受験生が自分の力にあった回で合格を手にしてほしいという願いから、問題の傾向や難易度の異なる5回の入試を行っています。開智に入学したさまざまな個性は、6年間をかけてさらに磨かれ、自己実現に向けて羽ばたいていきます。開智の教育は、専門分野で社会貢献できる学力を身につけ、実社会で活躍できる人材を育成することをめざし、躍進を続けています。

KAICHI

開智中学・高等学校

中高一貫部（共学）

〒339-0004
埼玉県さいたま市岩槻区徳力186
TEL 048−795−0777
https://ikkanbu.kaichigakuen.ed.jp/
東武アーバンパークライン東岩槻駅（大宮より15分）徒歩15分

■2024年度入試日程

入試名称	日程	
第1回	1/10（水）	午前
特待A	1/11（木）	午前
特待B	1/12（金）	午前
算数特待	1/12（金）	午後
第2回	1/15（月）	午前
日本橋併願	2/4（日）	午前

■説明会日程

説明会	日程
第4回 学校説明会	10/28（土）
入試問題説明会（動画配信のみ）	11/25（土）〜12/3（日）
第5回 学校説明会	12/2（土）

※日程・内容は変更の可能性があります。必ず各校のHPでご確認ください。

獨《どっ》協《きょう》中学校

●東京都文京区関口3-8-1　●地下鉄有楽町線「護国寺駅」徒歩8分、地下鉄有楽町線「江戸川橋駅」徒歩10分、地下鉄副都心線「雑司が谷駅」徒歩16分　●03-3943-3651　●https://www.dokkyo.ed.jp/

問題

女性の歴史に関する次の文章を読み、あとの問いに答えなさい。

① 明治時代になり、日本では新たに憲法や法律が作られましたが、女性が選挙権を持つことや政治活動に参加することは認められませんでした。こうした状況《じょうきょう》を改善しようと、② 第一次世界大戦以後、平塚らいてうや市川房枝といった女性たちによって盛んに運動が行われ、様々な女性団体も作られました。しかし、1941年に太平洋戦争が始まり、これまでのような運動を継続《けいぞく》することが難しくなるなかで、③ 女性は戦争を支える役割を求められました。

敗戦後の日本では、GHQの指示によって様々な分野で民主化政策が進められました。一連の政策の中で、④ 戦前の法律が改正され、女性は初めて選挙権が認められることとなりました。そして、⑤ 戦後初めての総選挙では39名の女性議員が誕生しました。その後も、女性の社会的な地位の向上を目指す取り組みは、世界と連動しながら続けられました。1985年には、男女雇用機会均等法が制定され、雇用における男女平等の実現がはかられました。

問1
下線部①に関連して、日露戦争がおきた時期として正しいものを、下の年表中の空らん[ア]～[エ]から1つ選び、記号で答えなさい。

[ア]
下関条約が結ばれる。
[イ]
日英同盟が結ばれる。
[ウ]
ポーツマス条約が結ばれる。
[エ]
シベリア出兵が行われる。

問2
下線部②の後の会議においてアメリカ大統領の提案に基づき、平和のための国際機関が作られましたが、その機関の名前を漢字4字で答えなさい。

問3
下線部③について、太平洋戦争が長期化する中で、多くの女性が兵器工場など、様々な工場に動員されるようになり、女性はそれまで男性が行っていたような仕事をまかされるようになりました。その理由について、戦時中の国内の状況をふまえ、「兵隊」・「不足」の2つの言葉を使って説明しなさい。

問4
下線部④について、戦前の法律では25歳《さい》以上のすべての男性に選挙権を与《あた》えると定めていましたが、この法律を何と呼びますか、漢字で答えなさい。

問5
下線部⑤について、日本経済は戦後10年で戦前の水準にまで戻《もど》り、その後高度経済成長期と呼ばれる時期に入りました。この高度経済成長期の出来事を説明した文として、**誤っているもの**を下から1つ選び、記号で答えなさい。

ア．カラーテレビ・自動車・クーラーが「三種の神器」と呼ばれ、家庭に普及《ふきゅう》するようになった。
イ．企業《きぎょう》などが利益優先で環境への配慮《はいりょ》を行わなかった結果、四大公害をはじめとする公害問題が起こった。
ウ．日本のGNP（国内総生産）がアメリカに次いで、資本主義国の中で第2位となった。
エ．アジアで初めてのオリンピックが東京で開催《かいさい》され、日本は戦後からの復興《ふっこう》を世界にアピールした。

（一部省略）

解答　問1　ウ　問2　国際連盟　問3　例：多くの男性が兵隊として出兵しており、日本国内では労働力の不足が激しくなっていたから。　問4　普通選挙法　問5　ア

学校説明会〈要予約〉
11月12日（日）10:00～12:00
12月17日（日）10:00～12:00
1月7日（日）10:00～12:00

入試問題説明会〈要予約〉
12月17日（日）10:00～　オンデマンド配信

私立中学の入試問題にチャレンジ Challenge!

かえつ有明《ありあけ》中学校

●東京都江東区東雲2-16-1 ●りんかい線「東雲駅」徒歩８分、地下鉄有楽町線「辰巳駅」徒歩18分
●03-5564-2161 ●https://www.ariake.kaetsu.ac.jp/

問題

空気１m^3中にふくむことができる水蒸気の量には限度があり、その量をほう和水蒸気量といいます。ほう和水蒸気量は、下図のグラフのように気温が高いほど大きくなります。また空気中にふくまれている水蒸気の量が、そのときの温度におけるほう和水蒸気量の何％にあたるかを表したものをしつ度といいます。次の問いに、グラフを見て答えなさい。

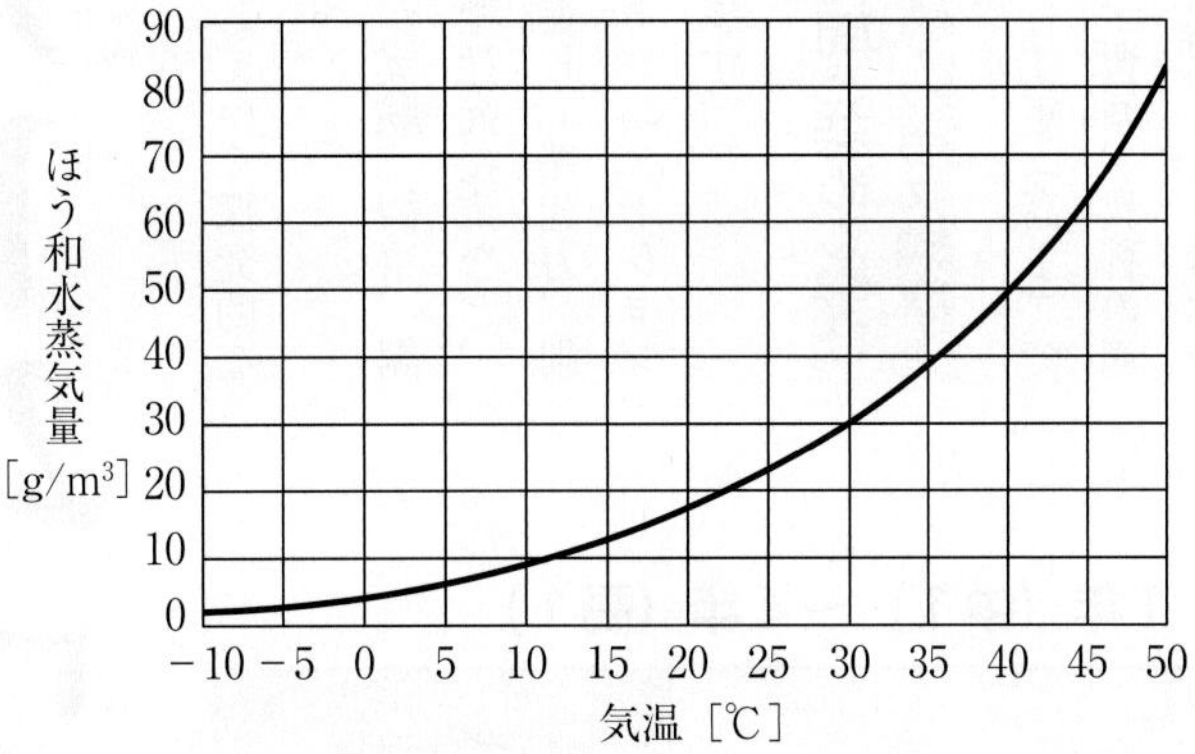

（１）気温30℃で、しつ度70％の空気50m^3中には、水蒸気は何ｇふくまれていますか。

（２）気温40℃で、空気１m^3中に35ｇの水蒸気をふくんでいる空気のしつ度は何％ですか。

（３）（２）のときの空気の温度が25℃に下がると、１m^3あたり何ｇの水てきができますか。

（４）ある日の明け方にきりが発生しました。前日の明け方には、きりは発生しませんでした。それぞれの前日の夜の同時刻の温度、しつ度はともに同じであったことから、どういったことが考えられるか、「きりが発生した日は、」に続ける形で答えなさい。ただし、夜から明け方までの空気中の水蒸気の量は変わらないものとします。

解答 （1）1050g （2）70% （3）10g （4）例：（きりが発生した日は、）前日とくらべて、明け方の温度が下がった。

入試説明会〈要予約〉

11月４日(土) 10:00～11:30
１月６日(土) 15:00～16:30
※両日ともオンラインで実施

入試体験会〈要予約〉

12月９日(土) ８:30～11:00

6年一貫の（仮称）開智所沢中等教育学校【第3回】
「学び合う＝高め合う！」開智所沢のチームワークは抜群!!

小規模な30人編成のクラスで未来を見据えた先端的な授業

開智所沢中等教育学校（以下、開智所沢）では、未来を見据えた最先端の授業を実践するために、クラスを小規模な30人編成にします。先端的な学びを実践する最新の設備・施設をそなえた新校舎で、生徒が自ら考え、友達と考え合い、ディスカッションし、「なぜ」を追求し、様々な疑問や課題を解決していく探究的な授業に取り組みます。

さらに生徒自らが実験、観察、調査を基に学ぶ体験型探究授業など、最先端の学びを推進し、探究力、創造力、発信力、コミュニケーション力を伸ばしていきます。

同じ志をもった仲間と深める学び ～開智所沢のコース・クラス編成～

1年（中1）から4年（高1）では、生徒の学力、学習歴、教科の適性等によって、「特待コース（3クラス）」と「レギュラーコース（5クラス）」を編成します（下表参照）。

3年（中3）進級時には、習熟度によって全てのコースとクラスを再編成します。

さらに、5・6年（高2・高3）の2年間は、大学の志望学部に合わせて編成したコースにわかれて、それぞれに対応する力を身につけることをめざします。

■開智所沢のコース・クラス編成　1年（中1）～4年（高1）

特待コース			レギュラーコース
理系	医系	文系（国際系）	
数学や理科、テクノロジーが得意な生徒向きのコース。理数教科はハイレベルな内容も扱う。	医師や歯科医師、獣医、薬剤師など、医療従事者を目指すコース。医療の基礎となる課題に取り組む。	社会や国語が得意な生徒や英語が得意な生徒向けのコース。海外大学への進学も視野に英語力を磨く。	生徒の適性や個性を尊重しながら5クラスを編成。自分の「得意」や「好き」を発見し、その力を伸ばす。

新しい自分をみつけよう！ ～スキルアップ合宿～

スキルアップ合宿は、次ページの表に示したように学年に応じたさまざまな活動を行います。それぞれの合宿に共通する目的は「発見」と「成長」です。たとえば、仲間と協力しながらグループワークをする場面では、自分1人では気づけなかった新しい学びのスタイルを「発見」できます。ほかにも、学校現場では経験できない活動をやり抜くことで、新たな自分を「発見」することにもなるでしょう。

この合宿では、通常の学校生活とは異なる環境に身を置くことになるため、生徒にとっては「いつものやり方」が通用しない場面が多くあります。しかし、仲間とともに果敢にチャレンジし、それを乗り越えることができれば、自信がつき、大きく「成長」できるのです。

■スキルアップ合宿（予定）

1年	チームビルディングキャンプ	入学直後にホテルに宿泊。仲間づくりをするだけでなく、入学前の課題として制作した作品や探究の成果を発表する場でもある。２年生と合同実施。
2年	チームビルディングキャンプ	新入生である１年生をゲストとして位置付け、生徒主体で合宿を運営。探究発表会では先輩として１年生にアドバイスをする。
3年	課題解決型合宿	仲間と協力して未履修の課題に挑戦。自らの学習方法などについて見つめ直す良い機会になる。
4年	進路選択合宿	夏期講習のまとめとして行う合宿。自身の得意・不得意を再確認し、進路選択の参考にする。
5年	受験スタート合宿	夏休みに行う合宿。学ぶ科目、時間配分、学び方を自分で計画し、独習力や集中力、継続力を養う。
6年	志望大学対策合宿	グループワーク、ペアワーク、独習など多様な学習方法で受験に必要な学力を磨く。

※１年生で行うチームビルディングキャンプは令和７年度より実施（令和６年度入学生は校内で実施）。

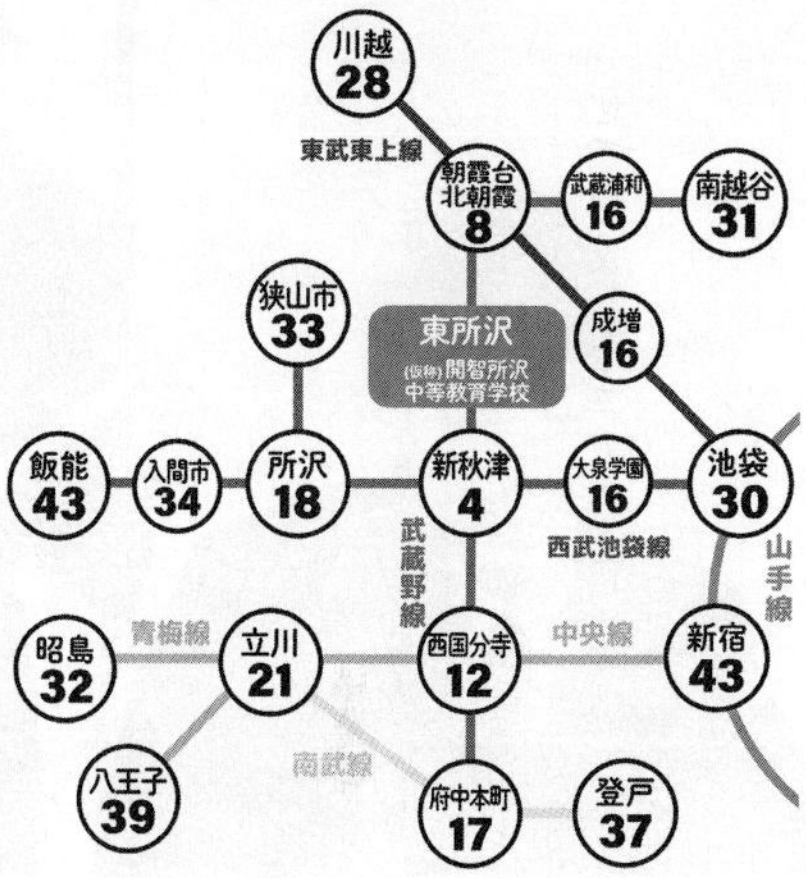

（単位：分）
数字は「東所沢」までの所要時間です。乗り換え時間は含みません。

１時間以内の通学圏は、神奈川北部、東京西部、埼玉南部全域

開智所沢は、ＪＲ武蔵野線東所沢駅から徒歩12分の場所に開校します。南は登戸、西は八王子、北は川越、東は池袋・越谷からであれば、それぞれ１時間以内に通学できます。第１志望者はもちろん、併願受験者にとっても受験校として最適であると評判です。

入試問題は岩槻にある開智中学校と同一内容で、希望すれば開智所沢と開智中学校の同時合否判定が可能です。さらに受験料は開智グループのどの学校を何度受験しても一律２万円なので、開智日本橋学園中学校を希望する受験生も、ぜひ出願を検討されてみてはいかがでしょうか。

■2024年度入試日程および会場

募集定員240名（共学）【帰国生入試】11月23日（木・祝）

第１回入試	特待Ａ入試	特待Ｂ入試
1/10（水）AM	1/11（木）AM	1/12（金）AM
ところざわサクラタウン さいたまスーパーアリーナ マークグランドホテル 開智中学校	ところざわサクラタウン さいたまスーパーアリーナ 川口市民ホールフレンディア 開智中学校	ところざわサクラタウン 大宮ソニックシティ 開智中学校
算数特待入試	**第２回入試**	**日本橋併願入試**
1/12（金）PM	1/15（月）AM	2/4（日）AM
ところざわサクラタウン 大宮ソニックシティ 開智中学校	ところざわサクラタウン 川口市民ホールフレンディア 開智中学校 開智望中等教育学校	秋草学園福祉教育専門学校 大宮ソニックシティ 開智日本橋学園中学校 開智望中等教育学校

Kaichi Nozomi

（仮称）開智所沢中等教育学校
（共学校）

〒359-0027
埼玉県所沢市大字松郷169
TEL：03−6661−1551（〜令和６年３月／準備室）
HP：https://tokorozawa.kaichigakuen.ed.jp/secondary/
Mail：sec-tokorozawa@kaichigakuen.ed.jp
アクセス：JR武蔵野線「東所沢駅」徒歩12分

学校説明会のご案内（要予約）
●11月12日（日）午前・午後
●12月16日（土）午後
【会場】ところざわサクラタウン

※詳細はHPをご参照ください

新コース始動でさらに充実
世界を見据えた教育と学習環境

2022年から、新たな２コース制での学びをスタートさせた春日部共栄中学校。
他校にはない独自の教育内容をご紹介していきます。

プログレッシブ政経コース

IT医学サイエンスコース

春日部《かすかべ》共栄《きょうえい》中学校〈共学校〉

【SCHOOL DATA】

所在地：埼玉県春日部市上大増新田213　TEL：048-737-7611
アクセス：東武スカイツリーライン・アーバンパークライン「春日部駅」スクールバス　URL：https://www.k-kyoei.ed.jp/jr/

2022年度に始まった特色ある2コースでの学び

世界のリーダーを育てることを目標に、特色ある教育を展開してきた春日部共栄中学校（以下、春日部共栄）。中学校が併設されてから2022年度に20年目を迎え、これまでの教育内容を発展させた2つの新しいコースがスタートしました。

まずは、高い英語力の養成を軸に据えた「プログレッシブ政経コース」です。生徒全員が中3で英検準2級レベルに到達するよう、ハイレベルな英語教育に取り組みます。

特筆すべきは、英語力を活かすグローバルな舞台での活躍を想定して、経済的・政治的な素養を育む点です。株式会社埼玉りそな銀行をはじめ、いくつかの金融機関と連携し、お金に関する知識や情報など金融リテラシーを身につけていきます。

そのほか、東京大学大学院で国際政治に関して研究する方をリーダーに、国際的な政治問題について考えるプロジェクトも実施します。そこでは参考文献の調べ方やレポートのまとめ方など、アカデミックな研究手法を学ぶ機会が設けられています。

こうした力をベースにして、模擬

タイアップ記事

国連などでも活躍できるようになることが目標の1つとなっています。

続いて、理系分野に興味を持つ生徒にぴったりなのが「IT医学サイエンスコース」です。

「IT」分野ではプログラミング教育を中心に展開します。グーグルが提供するウェブソフトに慣れるところから始まり、プログラミング言語の使用にいたるまで、段階を踏んで着実にステップアップしていきます。「医学」分野ではメディカルエレメンタリー講習・メディカル論文講習などを通して医学部進学希望者を支援します。

そして、とくに特徴的なプログラムをそろえるのが「サイエンス」の分野です。東京大学大気海洋研究所を訪れての体験学習や、校内の天体望遠鏡を使った天体観測、研究者としても活躍している教員の指導のもと行うカブトムシの飼育、水耕栽培など充実した設備を使用しての理科実験を中心に、生徒の探究心を養います。

生徒が自慢できる学校へ 国際教育もより豊かに

2つのコース新設について、入試担当委員長の牟田泰浩先生は「コンセプトは『入学してきた生徒が、校外で自分の学校を自慢したくなるような要素を取りそろえる』ことです。両コースとも、他校にはない独自のプログラムを用意しています。

これらは教科学習とは別に、火・水・木の7限目の時間を使って実施します。大学受験に向けた勉強の時間は確保しつつも、幅広い学びに挑戦できる体制です」と語ります。

コース共通の取り組みとして、春日部共栄が開校当初から力を入れてきた国際教育も見逃せません。

例えば「K-SEP」（中3・希望者）では、10日もの間、1限〜6限まで外国人講師といっしょに英語漬けの異文化体験やプレゼンテーションに取り組むなど、中学生から実践的な学びで英語に触れることが可能です。

高校に進むと、ホームステイを中心としたオーストラリア語学研修や、アメリカ・ボストンでの人材育成プログラム（いずれも高1〜高2・希望者）など、より本格的なプログラムが待っています。

コースも新たに、教育内容のさらなる発展をめざす春日部共栄。受験生のみなさんに向けて、牟田先生からメッセージをいただきました。

「受験に向けては不安が多くあると思いますが、ぜひ当日まで諦めずに走り抜けてください。そのなかで、もし春日部共栄に興味を持ってくださった方がいるならば、本校が全力で支えます。充実したカリキュラムと学習環境を整えて、みなさんをお待ちしています」

K-SEP　(Kyoei Summer English Program)

全国高校教育模擬国連大会への参加

Global English Program（中1・中2）

【学校説明会・入試問題体験会・過去問解説会】 要予約
11月11日(土)　11月25日(土)
両日とも10:00〜12:00

【学校説明会・体験授業（小5年生以下対象）】 要予約
12月16日(土) 10:00〜12:00

【2024年度入試概要】
募集定員：プログレッシブ政経コース80名
　　　　　IT医学サイエンスコース80名
第1回 1月10日(水)　第2回 1月11日(木)
第3回 1月13日(土)　第4回 1月15日(月)
※詳細はHPにてご確認ください

ジュクゴンザウルスに挑戦！

熟語パズル

問題は84ページ

答え

【答え】 能天気（のうてんき）

３つの漢字を組みあわせてできるのは「能天気」。物事を深く考えず、人柄や性格がのんきであること。問題ページの解答は以下の通り。

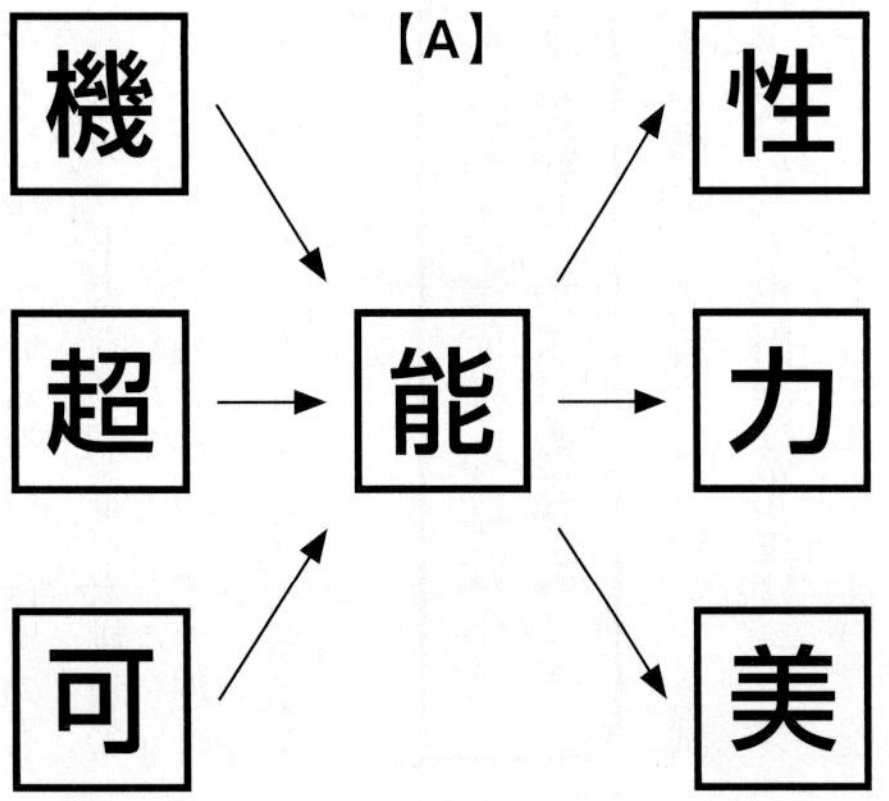

①とくに建築や工業製品などにおいて、余計な飾りなどがないことから自然にあらわれる美しさのこと。⇒ **機能美（きのうび）**

②未来予知や念力といった、今日の科学では説明できない、人知を超えた不思議な力。⇒ **超能力（ちょうのうりょく）**

③一か八か、□□□に賭けてやってみよう。⇒ **可能性（かのうせい）**

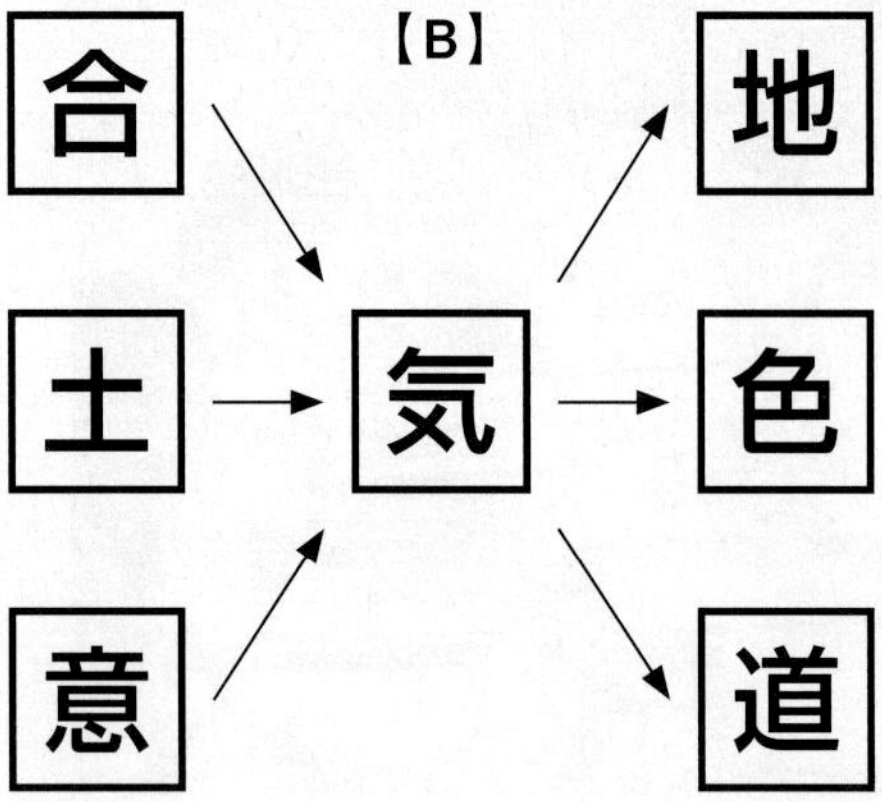

①武術の１つ。向かってくる相手の力を利用して投げ飛ばしたり、「当て身」をしたりすることに特徴がある。⇒ **合気道（あいきどう）**

②土のような色。病や疲労で活力を失った顔色を表現するときなどに使う。⇒ **土気色（つちけいろ）**

③兄は空手のチャンピオンだが、オバケが苦手という「□□□なし」の一面もある。⇒ **意気地（いくじ）**

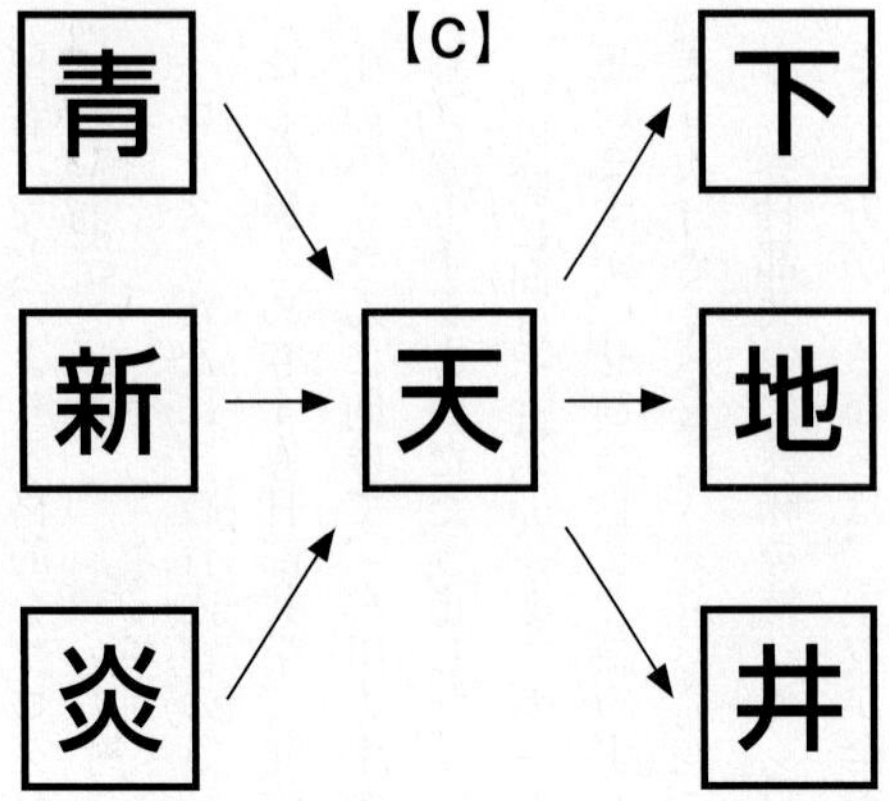

①晴れわたった青空のこと。また、値段などがどこまでも上がっていくことのたとえ。⇒ **青天井（あおてんじょう）**

②いままで生活していたのとはまったく異なる、初めての土地や環境。⇒ **新天地（しんてんち）**

③□□□での運動は避けて、冷房が効いた屋内で過ごすようにしましょう。⇒ **炎天下（えんてんか）**

個別指導だからできる、自分だけの志望校対策

早稲田アカデミー個別進学館

冬の活用法

いよいよ入試が近付いてきた受験生にとって、この秋、そして冬の学習は来春の成果を大きく変える大切なものです。早稲田アカデミー個別進学館の強みは、早稲田アカデミーのノウハウを個々に活かした指導。入試本番までの時間を最大限に活用し、効果的な学習で学力を伸ばします。

弱点克服も、志望校対策も

秋から冬にかけて受験生が取り組むべき課題は、志望校対策をするなかで見つかった苦手分野の克服です。

早稲田アカデミー個別進学館では、1科目から受講ができ、苦手分野を丁寧に復習することが可能です。また、志望校の出題傾向を踏まえたうえで、弱点となる分野の克服に取り組むことができます。さらに、早稲田アカデミー集団校舎と連携を取った指導も、早稲田アカデミー個別進学館ならではの大きなメリット。これまでの学習状況や模試の結果などを双方で共有することで、志望校合格に最適な学習プランをご提案します。

“あなただけの対策”を入試直前まで

早稲田アカデミー個別進学館では、入試直前まで生徒一人ひとりに合わせた対策を責任をもって行います。受講日や時間は、ご都合に合わせてカスタマイズ可能。さらに、新たに受講科目を追加することも、直前期の学習の総チェックも可能です。入試本番の直前まで、「あなたが合格するための学習」を全力で応援します。

指導形態は講師1名に対して生徒2名の「1対2」と、講師1名に対して生徒1名の「1対1」の選択制。また、校舎での「対面授業」と自宅で受講する「オンライン授業」もご選択いただけることに加え、いつでも切り替えが可能ですから、「入試前は外出を控えたい」といったご要望にもお応えできます。

早稲田アカデミー個別進学館では、「入試本番までにこの分野を克服したい」「第一志望校に特化した対策をしたい」「答案から自分の弱点を見つけて補強してほしい」など、一人ひとりの希望に合わせた「合格のための学習プラン」をご提供します。まずは無料学習相談で、お気軽にご相談ください。

首都圏67校舎。お近くの校舎にお問い合わせください。

冬期講習会
12月▶1月実施

❶ お問い合わせ（電話またはWeb）
▼
❷ 学習相談（要予約）
▼
❸ 学習プランのご提案
⇩
初回授業スタート！

東京	池上校	池尻大橋校	池袋西口校	池袋東口校	大森校	荻窪校	御茶ノ水校	学芸大学校	吉祥寺校	木場校
錦糸町校	国立校	国分寺校	三軒茶屋校	渋谷校	石神井公園校	新宿校	巣鴨校	成城学園前校	仙川校	高輪台校
立川校	千歳船橋校	調布校	月島校	戸越校	豊洲校	西日暮里校	西早稲田校	練馬校	東久留米校	府中校
平和台校	本郷三丁目校	町田校	三田校	南大沢校	茗荷谷校	武蔵境校	用賀校	神奈川	相模大野校	新百合ヶ丘校
たまプラーザ校	武蔵小杉校	横浜校	若葉台校	埼玉	大宮校	川口校	川越校	北浦和校	志木校	新越谷校
所沢校	戸田公園校	南浦和校	和光校	蕨校	千葉	市川校	海浜幕張校	新浦安校	千葉校	津田沼校
流山おおたかの森校	船橋校	松戸校	茨城	つくば校	水戸校					

早稲田アカデミー個別進学館

お問い合わせ
0120-119-923
［受付時間］月～金 10:00～21:00／土・日 10:00～19:00

ホームページはこちら

誰もが抱える悩みをパパッと解決!

福田貴一先生の福が来るアドバイス

早稲田アカデミー
教育事業本部副本部長
福田　貴一

この記事が皆様のお手元に届くころ、東京・神奈川の入試解禁となる2月1日まで、既に残り100日を切っています。私はこの時期になると、小6受験生の授業を始める前に、ホワイトボードに「2月1日まで残り○○日!」と書くようにしています。それは、「受験生として授業を受ける」という気持ちに切り替えてもらうためです。今回は、学習に向けた気持ちの整え方についてご紹介します。

学習に向けた気持ちの〝スイッチ〟をつくる

早稲田アカデミーの授業が「あいさつ」から始まる理由

「馬を水飲み場に連れていくことはできるが、水を飲ませることはできない」という言葉があります。「周りがどれだけ環境を整え機会を与えても、本人がその気になっていなければ実行しないし身につかない」という意味の言葉で、特に子どもの学習管理について言及するときに使われることが多いようです。より具体的にいえば、お子様の気持ちの準備が整っていない状態で無理やり机の前に座らせても、学習効果は上がらないということです。

もちろん、気持ちの準備を整えて臨まなければいけないのは、家庭学習だけではありません。塾の授業でも同じです。「今日も頑張ろう!」というポジティブな気持ちになっていれば、先生の話を聞くときも、問題を解くときも、集中して取り組むことができます。逆に、授業に対してネガティブな気持ちでは、先生の話を聞くのも上の空、問題を解いていても頭が回転していない……そんな状態になってしまうものです。

早稲田アカデミーは「あいさつ」を大切にしています。それは、「あいさつ」を「授業に臨む気持ち」をつくるためのスイッチと考えているからです。授業を始める前に、まず講師が生徒たちの前で「起立、気を付け、礼」と発声します。それに対して生徒たちは「よろしくお願いします」と発声してお辞儀をすることになっています。声が小さかったり、揃っていなかったりするときにはやり直しをすることもあります。「あいさつ」で気持ちを切り替えることにより、その後の授業に集中できるようになるのです。

「なんだか勉強したくなってきた!」

あるお母様から伺った話です。お母様には好きなアーティストがいらっしゃいました。そのアーティストの曲のなかで気持ちが高まりそうなものを、お子様が家庭学習を始めるときの「テーマ曲」として選び、時間になるとアラーム代わりに毎日その曲をかけていたのだそうです。当初、お子様はその曲が流れると〝しぶしぶ〟といった様子で机の前に座っていました。しかし、お母様が毎日様子を見ていると、次第に取り組む姿勢が変わっていったように感じたそうです。そして後日、お子様がお父様と一緒にスーパーマーケットにお買い物に出掛けたときのこと。館内放送で、その「テーマ曲」が流れてきました。すると、その曲を聴いたお子様はお父様に向かって、「なんだか勉強したくなってきた!」と言ったのです。その曲が「家庭学習をスタートさせるテーマ曲」になっていることを知らなかったお父様はわけがわからず、帰宅してから不思議そうにお母様に話した、とのことでした。お母様がお子様に「なんで勉強したくなったの?」と尋ねたところ、「○○○(曲名)が聴こえたから、なんとなく」と答えたそうです。その曲が、いつの間にかお子様にとって「勉強に向けた気持ちをつくるためのスイッチ」になっていたのでしょう。

家庭学習前のルーティンをつくる

「うちの子は集中して机に向かうことができなくて……」「座ってから勉強を始めるまでに時間がかかります」というご相談をいただくことがあります。そういったときには、家庭学習を始める前のルーティンを決めるのがよいかもしれません。これまでに生徒や保護者様から伺った方法をいくつか紹介させていただきます。

①軽く体を動かす

これは保護者の皆様もご経験があるのではないでしょうか。私も集中して原稿などを書こうとする前には、身体を動かすことがあります。背筋を伸ばしたり肩や首を回したりするなど、軽く体を動かしてみましょう。体を動かすことで血行が良くなり、頭の働きも良くなるといわれています。

②15分間お手伝いをする

家庭学習を始める前にまず簡単なお手伝いをする、という生徒がいました。キッチンでお母様とちょっとした会話をしながらお手伝いをすることで、気持ちが切り替わるのだと思います。「この子、大根おろしが得意なんですよ」というお話を伺ったこともあります。料理の手伝いの他に、①も兼ねるものとしてお風呂掃除などもよいかもしれません。

③学習環境を整える

私の場合、集中して作業をするときには「机の上を片付ける」ことから始めます。きれいに片付けたところで、「よし!」と背筋を伸ばして取り掛かるわけです。「机を整頓し、そこに教材と筆記用具を並べる」のも、集中するために必要なことの一つだと思います。

他に、「部屋の空気を入れ替える」という生徒もいました。窓とドアを開けて空気を入れ替え、深呼吸をしてから勉強をスタートするそうです。頭を働かせるためには新鮮な空気(酸素)が必要ですので、これも理にかなった方法だと思います。また、「机の前に貼ってある『目標』を声に出して読む」「カレンダーの今日の日付にバツをつける」「決まった飲み物を飲む」「小学生新聞に目を通す」といった「習慣」も聞いたことがあります。ぜひ、お子様に合ったルーティンを見つけ、勉強に向けて気持ちを切り替えるための〝スイッチ〟にしていただければと思います。

“ナニ”かの一部？　昔の“ナニ”か？　“ナニ”かの材料？

これ、ナンだ!?

毎日ながめている風景や身近な食べ物、少し前まで当たり前のように使っていたもの。
身の回りには、まだ知らないことがたくさん隠れているはず。
「これ、ナニでできているんだろう？」「これはどうやって使うの？」……
知れば知るほど、世の中は面白い！
さあ、一緒に考えてみましょう。「これ、ナンだ!?」

ヒント 1

原産は**中南米《ちゅうなんべい》**。今では西アフリカや東南アジアでも栽培されているよ。

ヒント 2

固い「殻《から》」のなかの**果肉に包まれている種子**が食品の材料になるよ。

ヒント 3

16世紀ごろまでは、今とは違って**甘くない飲み物**として利用されていたよ。

正解は… カカオ

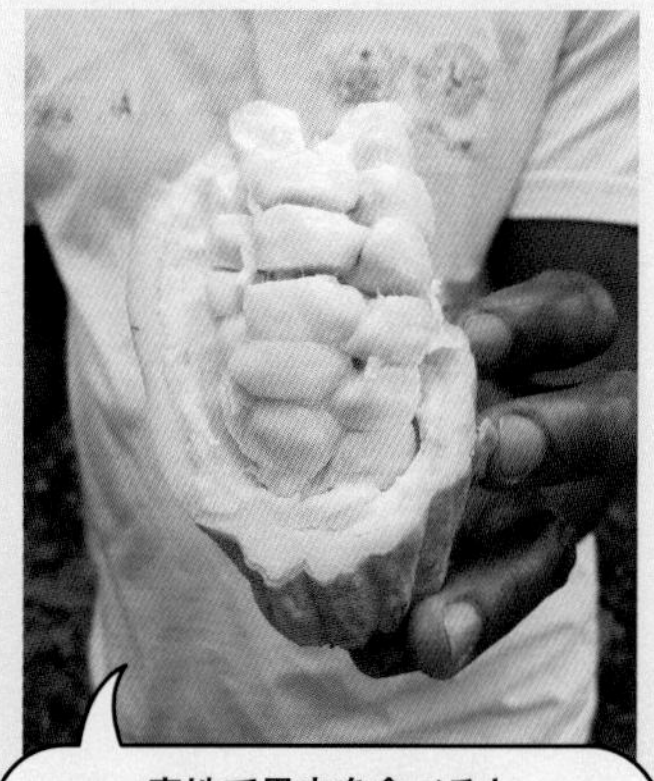

産地で果肉を食べると
ライチみたいな味がするんだって！

カカオはアオイ科の植物で、正式な学名は「テオブロマ・カカオ」。“テオブロマ”はギリシャ語で「神の食べ物」という意味で、古くは神様へのお供え物や通貨の代わりとして使用されるほど貴重なものでした。その実からとれる種子は「カカオ豆」と呼ばれ、現代ではチョコレートやココアの原料として世界中に広まっています。

一つのカカオの実には30〜40粒のカカオ豆が入っていて、収穫したばかりのカカオ豆は白色もしくは薄い紫色をしています。原産国はメキシコ南部や中央アメリカですが、現在は西アフリカ・東南アジアなどの高温多湿な赤道直下エリアでも生産されています。

チョコレートになるまで

カカオの種子

収穫・発酵

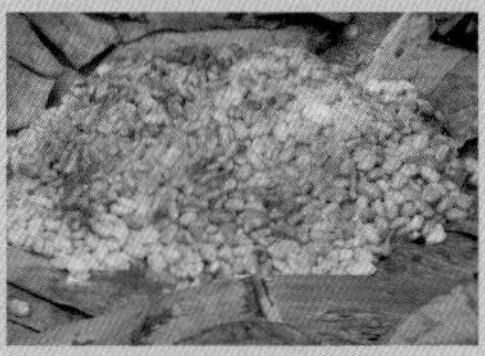

果肉に包まれたままの種子をバナナの葉などで覆い、数日発酵《はっこう》させます。発酵によって種子の色が白色から茶色に変化し、チョコレートと同じような香りが生まれます。

乾燥・出荷

カビの発生を防止し、カカオの成分をしっかり生成させるため、乾燥させます。

船で約１か月

日本での加工

磨砕《まさい》 炒《い》って表面の皮をはがし、すりつぶしてペースト状にします

混合 砂糖やミルク・ココアバターなどを混ぜ合わせ、よく練ります

冷却 冷やして固めます

＼もっと深掘り！／ チョコレートのこと

＼教えてくださったのは……／
日本チョコレート・ココア協会
事務局長代理
藤田《ふじた》 康子《やすこ》さん

多くの産地で、カカオは「自分たちが食べるもの」ではなく「海外に輸出するもの」として生産されています。しかし、農家の人々を取り巻く環境は決してよいものとはいえません。協会では、「生産国の人々の生活向上が、カカオの生産維持、サステナブルな社会につながる」と考え、業界全体で連携して課題の解決に取り組もうとしています。カカオには、記憶力や集中力の向上に効果があるといわれる成分が含まれています。ぜひ、学習の前にひと口食べてみてください。そのときに、チョコレートやココアを支える産地の人たちのことを思い出してもらえたらうれしいです。

最初は飲み物だった！

カカオは栄養豊富。紀元前の中南米では、砕いたカカオを水で溶かした苦いものが、身分の高い人々の間で飲まれていました。その後スペインへ渡り、砂糖を入れた甘い飲み物となって貴族の間で広まっていきました。

舞踏会《ぶとうかい》のとき、踊りながら飲んでいる人もいたわ。

チョコレートとココアの関係

カカオ豆を炒ってすりつぶしたものを「カカオマス」と呼びます。カカオマスに圧力を加えると、「ココアバター」と「ココアケーキ（ココアのかたまり）」に分かれます。ココアケーキを砕いたものが「ココア」です。一方、カカオマスにココアバターや砂糖を加えると、固まってチョコレートになります。チョコレートとココアは、カカオを無駄なく使ってつくられているのです！

取材協力

日本チョコレート・ココア協会
http://www.chocolate-cocoa.com

日本チョコレート・ココア協会では、チョコレート・ココアに関する普及・広報活動のほか、チョコレート・ココアに関する国際問題への取り組みも行っています。

〒105-0004 東京都港区新橋6丁目9番5号 JBビル内　TEL 03-5777-2035

日本チョコレート・ココア協会

帰国生受入れ校
訪問記

帰国生を積極的に受け入れている学校の魅力に迫ります。

慶應義塾湘南藤沢中等部

神奈川県／私立／共学校

1992（平成4）年に開校された慶應義塾湘南藤沢中等部。開校当初から異文化理解とICT教育を教育の柱として、中高6年間で社会の先導者を育んでいます。多種多様な環境で育った生徒が集い、互いに刺激を受け、視野を広げることでグローバルな社会で活躍する基礎を身につける教育を実践しています。今回は、主事の辺見広隆先生にお話を伺いました。

多様性を重視する学習環境

本校では、開校から30年以上、多様な生徒を受け入れたいという思いから積極的に帰国枠入試を実施してきました。

海外での経験を含む、様々なバックグラウンドを持った生徒たちが同じ教室で学ぶことで相互に刺激が生まれ、より成長できる環境になると考えています。

クラス編成は、一般生、帰国生、横浜初等部や幼稚舎からの入学生が混ざり合うようになっており、どのような方式で入学したかに関わらず、同じクラスの仲間として協力しながら学校生活を送っています。

英語の授業のみレベル別に分かれていますが、その他の科目では違いを設けず、全員が同じ環境で学びます。

そのため、全ての生徒が無理なく学習を深めていくことができるよう、科目数のバランスを調整するなど、より良い学習環境を整えています。

入学後の学びについて、3科目入試の受験生は理科や社会、4科目入試の受験生は英語に不安を感じるかもしれません。

教員は、もちろんそのような不安を理解していますので心配いりません。分からないところを積極的に質問して解決していけば大丈夫です。いつでも教員室に来てください。

帰国生に期待する「自己アピール力」

自分の考えや意思を持ち、それを相手に伝えるということは、どのような場面においても重要なことだと考えています。

そこで、多くの授業でプレゼンテーションを取り入れ、自分の考えをまとめて発信する機会を設けています。帰国生には海外経験で培った「自分の意見を相手に伝える」力に期待しています。

もちろん、ただ一方的に自分の意見を伝えるだけではなく、同時に

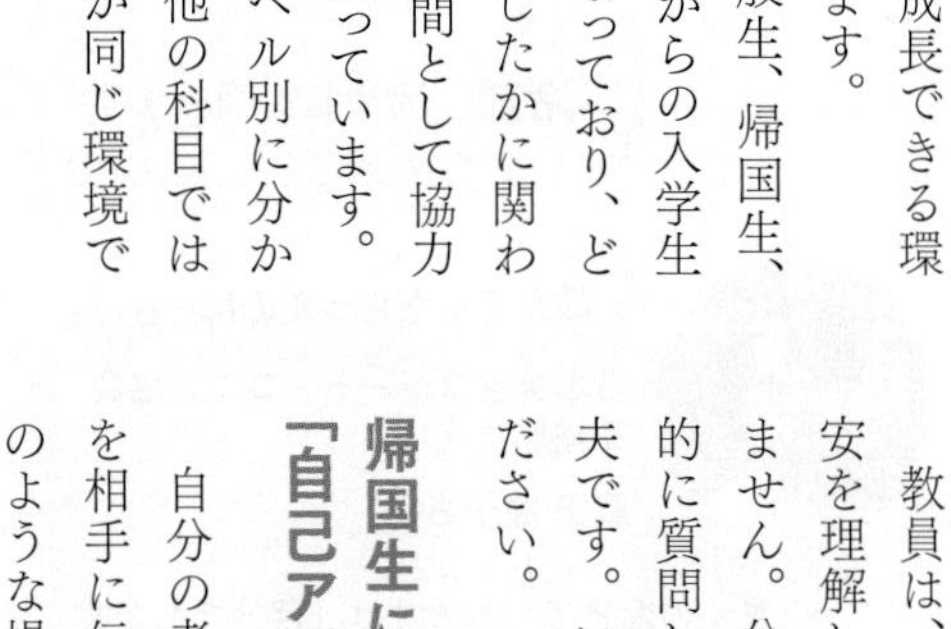

AVC教室にはタブレットから高性能PCまで幅広く整備。BYOD（個人所有機器の利用）環境も充実し、様々な場面で情報機器が活用されています。

所在地：〒252-0816
神奈川県藤沢市遠藤 5466
（小田急江ノ島線・相鉄いずみ野線・横浜市営地下鉄線「湘南台駅」よりバス15分）
TEL：0466-49-3585
URL：https://www.sfc-js.keio.ac.jp/

主事
辺見《へんみ》 広隆《ひろたか》先生

「自分と異なる意見を受け入れる」という相互理解の力も大切です。

帰国生には、この「自分の意見を相手に伝える」、「自分と異なる意見を受け入れる」ことに率先して取り組んでいただき、周囲に刺激を与える存在になってほしいと願っています。

本校は、「社会の良識が校則」という考えから細かな校則もなく、一人ひとりの生徒が自分らしく過ごせる環境となっています。例えば、英語の方が自分の気持ちを伝えやすいという生徒たちもいますから、休み時間には英語が飛び交っています。

充実した6年間の学校生活

本校では、クラブ活動などの課外活動を推奨しており、学外での活動も含めると、ほぼ全ての生徒が課外活動に取り組んでいます。

大学進学を見据えた学習はもちろんですが、それだけではなくそれぞれの個性を伸ばし、やりたいことに本気で取り組める環境が整っています。

大学進学については、高等部に入学後に高大連携プログラムや各学部のガイダンス、在学中の大学生との交流など、自らの進路を考える機会を多く設けています。

6年間の学校生活の中で多くのことを経験し、刺激を受け、将来社会に対してどのように自己表現をしていくのか、じっくり考えてほしいです。

強みを生かして選べる入学試験

中等部では、国語・算数・理科・社会による4科目入試と国語・算数・英語による3科目入試の2種類の受験区分を設けています。

3科目入試は、帰国生に限らず、国内インター生も含めた受験生が身につけてきた英語力を生かして受験できるように用意しているものです。

一方で、英語だけできれば良いというわけではありませんので、国語力や算数的な思考力もしっかり身につけて入試にチャレンジして欲しいと思います。

また、いずれの区分でも、学力検査に加えて面接試験と体育の実技試験を実施しています。体育については、特別に難しいことができる必要はなく、試験官の説明をきちんと理解した上で取り組めているか、というところを確認しています。

本校は、中高の6年間、そしてその先の大学生活、卒業後まで見据えて「人との繋がり」を大事にしています。

ともに学ぶ仲間とのコミュニケーションや先輩後輩との繋がりを、長いスパンで大事にしたいと考える受験生には、本校の環境はぴったりです。

入試情報

2024年度 帰国生入試情報

試験区分		帰国生入試
募集人数		約30名
試験科目	4科目	一次:国語・社会・理科・算数 二次:面接・体育実技
	3科目	一次:国語・英語・算数 二次:面接・体育実技

2023年度 帰国生入試結果

試験区分	帰国生入試
募集人数	約30名
受験者数	106名
合格者数	一次合格:71名 二次合格:40名

2022年度 慶應義塾大学進学実績

学部・学科	進学者数
文学部	5名
経済学部	60名
法学部・法律学科	32名
法学部・政治学科	32名
商学部	16名
医学部	7名
理工学部	37名
総合政策部	15名
環境情報学部	21名
看護医療学部	0名
薬学部薬学科	5名
薬学部薬科学科	1名

※大学進学実績は全卒業生のもので、帰国生のみの実績ではありません。

サクセス動物園

#30

ハシビロコウ

体の大きさも食べ物もすむところも、みんな違うからおもしろい！ 生き物のさまざまな魅力を専門家の方に教えていただく「サクセス動物園」。かっこいいけれどかわいい、一見怖そうだけどお茶目な面も！　今回はそんなギャップが魅力のハシビロコウについて、掛川花鳥園の副島慎介さんに教えていただきました。

※写真は全て掛川花鳥園提供

ハシビロコウ YES! NO! クイズ

Q1　ハシビロコウは群れで過ごす。 YES! NO!

Q2　成長していくにつれて目の色が変わる。 YES! NO!

Q3　餌を食べるとき、歯ですり潰《つぶ》してから飲み込む。 YES! NO!

記事のなかに答えがあります！

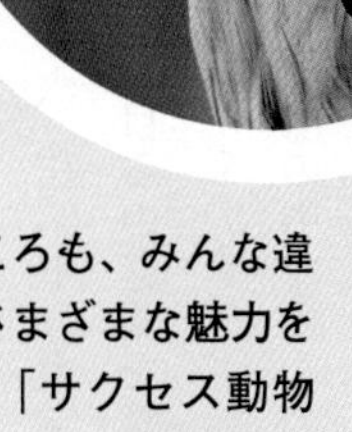

動かない鳥！

ハシビロコウは“動かない鳥”として有名です。野生のハシビロコウは川に生息するハイギョ※などを食べています。ハイギョが息継ぎで水面に上がってくる瞬間をねらうため、ときには数時間動かずにじっとしています。といっても、普段全く動かないわけではなく、動物園などではさまざまな仕草を見ることができます。

※古代魚の一種で肺で呼吸をする。

名前の由来って？

ハシビロコウは、以前はコウノトリの仲間と考えられていました。

“ハシ”はくちばし、“ビロ”は広い、“コウ”はコウノトリ、つまり「くちばしの広いコウノトリ」という意味から“ハシビロコウ”という名前が付けられました。ただし、近年のDNA研究の結果により、実はコウノトリではなくペリカンの仲間ということがわかっています。

ハシビロコウDATA

分布：アフリカ大陸の東部から中央部
体長：約110～140センチメートル
体重：約4～7キログラム
翼長：約2～2.5メートル

※個体によって異なります

タンザニアやルワンダなどの植物が茂る湿地や、湿地周辺の草原地帯にすんでいます。また、単独行動を好むハシビロコウは縄張《なわば》り意識が強く、気に入ったエリアに留まって過ごします。

ハシビロコウ大図鑑

知っているようで、意外と知らない!? ハシビロコウの体のひみつや生態について、副島さんにくわしく教えていただきました。

▲副島さんとお辞儀であいさつをする掛川花鳥園の「ふたば」

掛川花鳥園
副島《そえじま》 慎介《しんすけ》さん

お辞儀

ハシビロコウは相手への感情表現としてお辞儀をします。掛川花鳥園でもバードスタッフに対し、交互に首を振りながらお辞儀を繰《く》り返す姿が見られます。

目

まぶたの内側に「瞬膜《しゅんまく》」という目を守る白い膜があります。まぶたは下から上へ、瞬膜は目頭から目尻へ向かって閉まります。寝るときはまぶたを、まばたきするときは瞬膜を使います。また、目の色は若いうちは黄色く、成長すると青色に変わります。

クラッタリング

くちばしをカタカタと打ち合わせて音を鳴らすことをいいます。ハシビロコウは、「鳴管《めいかん》」がなく、鳴き声を出せません。そのため、くちばしを鳴らして求愛《きゅうあい》や威嚇《いかく》などの感情を表します。

食べ物

掛川花鳥園ではコイ・ニジマス・アマゴなどの川魚をあげています。鳥は歯がないため、固い部分をくちばしでかんで柔らかくしてから、丸飲みにします。また、ふたばは食べた後はくちばしに付いたうろこなどを水で洗い流す習性があります。

大きなくちばしがチャームポイント!!

わらを運ぶのも大好き！

掛川花鳥園のアイドル「ふたば」

掛川花鳥園のハシビロコウ「ふたば」は、フォトブックが３冊出版されるほどの人気ぶりです。名前の由来は、頭の上にある「冠羽《かんう》」。それが双葉のように分かれていることからふたばと名付けられました。

ふたばを園に迎えるとき、掛川花鳥園のバードスタッフは他の動物園まで飼育の方法などを学びに行きました。ハシビロコウは一般的に警戒心《けいかいしん》が強いため、来園当初はふたばがいやがることは極力避け、細心《さいしん》の注意を払いながら距離を縮めていったといいます。安心して過ごせる環境をつくったからこそ、スタッフとの信頼関係が生まれ、ふたばらしいチャーミングなしぐさが見られるようになったのです。

ふたばの性格は「好奇心旺盛」と話す副島さん。「本来動物は新しいものを警戒するものです。でも、ふたばは見慣れないものがあるとまずは観察して、近づいて……というように、興味を持って行動します」。

例えば、展示場の裏にいるスタッフが気になって壁越しに首を傾げながら聞き耳をたてたり、芝生の上の虫をじーっと目で追ってみたり。また、遊びや食べ物に対してこだわりが強い一面もあり、好き嫌いもはっきりしています。そのこだわりはなんとスタッフへの態度にも表れ、苦手なスタッフにはそっけない態度。その理由について、副島さんは「最初に接したスタッフが背の高い男性だったので、私のように似た体格の男性に安心感を抱くのだと思います」と説明します。

もちろん、副島さんもふたばのことが大好き。「毎朝冠羽の分かれ方が少しずつ違っているところも、食べ方が少し下手なところもふたばの可愛いところです」と笑顔で話してくださいました。

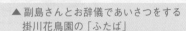

掛川花鳥園の人気TOP3

ハシビロコウに続く人気の鳥類２種を紹介します。

ヘビクイワシ

強烈《きょうれつ》なキックでヘビなどを仕留めるワシの一種※。羽ペンをさしているような後頭部や長いまつげ、鮮やかな顔の色が美しい鳥です。

※ショーではヘビのおもちゃを使用しています。

ハシビロコウ

コガネメキシコインコ

穀類《こくるい》や種、果物を主食とする全長30センチの中型インコ。体の割にはとても甲高《かんだか》い大きな声で鳴きます。温室内を群れで一斉に飛び回る姿は圧巻《あっかん》です。

アンデスカラカラ

ハヤブサの仲間で、南アメリカのアンデス山脈周辺に生息。生きた動物を捕食するほか、動物の死骸も食べます。現在の羽の色は茶色ですが、成鳥になると頭部から背中、胸にかけては黒く、お腹は白くなります。

ルリコンゴウインコ

南アメリカ大陸の熱帯雨林に生息《せいそく》。寿命は60年以上で、ペアになると一生を添い遂げます。強力なくちばしは、ナッツの殻を砕《くだ》いたり、木に登ったり、ぶら下がったりするときなどに活躍します。

ケープペンギン

ペンギンの仲間のなかでも暑さに強く、アフリカ大陸に生息する唯一のペンギン。あごの下に入った黒いラインが1本、おなかにはゴマ状の斑《はん》点《てん》。くちばしが黒く、グレーの棒状の模様が特徴です。

アナホリフクロウ

全長20センチほどの小さな鳥。アメリカ大陸の砂漠や草原に生息。足を使って土や砂をかき出したりすることから付けられた名前です。

メンフクロウ

生息域が広く、世界中に分布する中型のフクロウ。顔がお面を付けているように見えることから付けられた名前です。

コールダック

マガモから品種改良を繰り返して生まれた鳥です。アヒルと比べると４分の１の大きさで、世界最小のアヒルといわれています。

バードショー『ワールド鳥ップ』

世界各地にすむ鳥類の野生下のくらしや体の特徴などを解説するバードショー。掛川花鳥園でくらす１００種類ほどの鳥類のなかから選ばれた６種類の鳥が登場します。

INFORMATION

掛川花鳥園
https://k-hana-tori.com

花と鳥のテーマパーク 掛川花鳥園 kakegawakachouen

〒436-0024 静岡県掛川市南西郷1517
TEL0537-62-6363（代表）

９月20日に「開園20周年」を迎えた掛川花鳥園。
20周年を記念したイベントやグッズ販売も実施中!!
全天候型の空間で鳥や花とのふれあいを楽しめます。
●開園時間／９：00～16：30（最終入園16：00）
●休 園 日／第二第四木曜日（繁忙月を除く）
●入 園 料／大人（中学生以上）1,500円、小学生 700円、幼児 無料
●アクセス／「JR掛川駅北口」２番乗り場より市街地循環線（南回り）バス乗車で約10分（「掛川花鳥園前」下車）
※掛川花鳥園の企画・イベントについてはWebサイトをご確認ください。

「ワールド鳥ップ」以外にも!

ここも見どころ!

楽しさとスリル満点のバードショーを毎日開催!!

猛禽類《もうきんるい》メインのバードショー

客席近くを飛行。
生態や能力の解説付き!!
［ヘビクイワシ・ハリスホーク・ハヤブサなど］

屋内バードショー

技術や技を披露。さまざまな競技に挑戦!!
［インコ・オウム・ペンギンなど］

クイズの答え Q１：NO Q２：YES Q３：NO

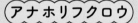

ねえ、知ってる？

知ると誰かに話したくなる！

そのとき、何歳？

【クイズ】

①～③は、それぞれその人物が何歳のときの出来事でしょうか？　A～Cのなかからあてはまるものを選んでください。

① 伊能忠敬《いのうただたか》が日本地図をつくり始めたのは？

② 足利義満《あしかがよしみつ》が室町幕府《むろまちばくふ》の将軍になったのは？

③ 織田信長《おだのぶなが》が桶狭間《おけはざま》の戦いに勝利したのは？

A　10歳　B　26歳　C　55歳

かっこいい戦国武将に、新しい発見をした科学者。皆さんには、好きな歴史上の人物はいますか？　名前や出来事については知っていても、「その人が活躍したのが何歳のときか」は、知らない人が多いのではないでしょうか。今回は〝年齢〟をカギに、日本や世界の偉人について紹介します。

幼くして表舞台に

歴史上には、まだ幼いうちに国や人々の代表となる立場に就いた人がいます。例えば、京都にある有名なお寺・金閣寺《きんかくじ》を築いた足利義満と、銀閣寺《ぎんかくじ》を築いた足利義政《よしまさ》。義満は10歳で室町幕府三代将軍に、義政は13歳で室町幕府八代将軍になったといわれています。昔は、地位や職業などを親から子へ受け継《つ》いでいくのが一般的でした。そのため、親が早くに亡くなった場合、まだ幼い子どもが親の後を継いで責任ある立場に就くこともあったのです。

また、昔は現代と比べて平均寿命が短かったこともあり、「大人」と認められる年齢が現代とは異なっていました。そこで、今よりずっと若いうちから社会に出て働いたり、結婚したりすることもありました。マリー・アントワネットが故郷であるオーストリアを離れ、フランスのルイ16世と結婚したのは、わずか14歳のとき。フランスとオーストリアをつなぐ、重要な役割も担った結婚でした。彼女は19歳で王妃となりましたが、フランス革命のために37歳の若さで命を落としました。

若くして才能発揮！

もちろん、自分の才能や力で若いうちから活躍した人もたくさんいます。オーストリアの作曲家・モーツァルトは幼いころから音楽の才能を発揮し、「神童《しんどう》」と呼ばれました。作曲を始めたのは5歳のときで、6歳になるころには各地で演奏会を開いていたといいます。35歳という若さで亡くなりますが、短い生涯のなかでたくさんの名曲を生み出しました。また、明治時代には11歳で現在の東京大学・医学部（予科）に合格した人がいました。それは日本近代文学を代表する作家の一人、森鷗外《もりおうがい》。若すぎたために年齢をごまかして大学に入学した鷗外は、医学を修めた後に小説家としても活躍し、『舞姫《まいひめ》』『山椒大夫《さんしょうだゆう》』などの作品を生み出しました。

戦いの場面でも、若くして活躍した人物がいます。戦国武将・織田信長は、26歳のときに桶狭間の戦いで今川義元《いまがわよしもと》を撃破、天下統一の目前まで迫りました。他にも、14歳で初陣を飾った上杉謙信《うえすぎけんしん》、35歳でフランス皇帝に就任したナポレオン・ボナパルトなど、多くの人物が華々しい功績を残しています。

何歳になってもまだまだこれから！

ここまで紹介した人たちとは逆に、年を取ってから偉業を成し遂げた人物も存在します。江戸時代に日本地図の作成に取り組んだことで知られる伊能忠敬。彼が学問のために江戸にやってきたのは50歳のときで、自分よりずっと若い31歳の師匠のもとに弟子入りしました。若いころは伊能家の当主として家の商売や村のために力を尽くし、それらが一段落してから自分の夢にチャレンジしたのです。そして55歳のときに、地図をつくるための測量《そくりょう》の旅に出発。17年の歳月をかけ、日本中を自分の足で歩きました。また、フランスの昆虫学者・ファーブルも若いころは教師として働いており、代表作『昆虫記』第1巻が発刊されたのは55歳のときです。それからおよそ30年という長い年月をかけて全10巻を完成させました。決して夢を諦めない強い気持ちが、その後の世界を変える素晴らしい成果につながったのです。

自分の知っている歴史上の人物が何歳で何を成し遂げたのか、ぜひ調べてみてください。きっと前よりももっと、その人のことが好きになれることでしょう。

※この記事内の年齢は、「数え年（昔の年齢の数え方）」ではなく、満年齢にて紹介しています。また、一部異なる説もあります。

クイズの答え／① C　② A　③ B

学びの力が、
世界を、未来を、変えていく！

東大生が描く未来

東大に進学した先輩たちは、大学でどんなことを勉強し、どんな未来を思い描いているのでしょうか。早稲田アカデミー大学受験部にアシストスタッフ※として勤務する東大生の皆さんに、今取り組んでいる研究内容と、思い描く未来を教えていただきました。

※学習や進路の相談に応じる学生スタッフ

Aさんが描く未来

「人も、他の生き物も！ 誰もが快適な暮らしを持続できる世界」

Aさん
開成中高
→東京大学（農学部・3年）
大学受験部御茶ノ水校　勤務

私が学んでいるのは「農学」です！

農学は、農業・林業・水産業など、人と自然の関わりによる産業全体を研究する学問です。今、私が興味を持っているのは、**森林の管理**。荒廃してしまった森や林を適切に管理することで、気候変動などの環境問題の解決に役立てたいと考えています。

私たちの身の回りにある林の多くは、何十年も前に人の手でつくられた「人工林」です。しかし、林業の担い手が減ってしまったことで、今は管理が行き届かなくなっているのが現状です。**森や林は、二酸化炭素を吸収してくれる大切な存在**。でも、高齢化してしまった木々は、その役割を十分に果たすことができません。このままでは、地球の気候はどんどん変わり、多くの生物に影響を与えてしまうはずです。もし、夏がもっともっと暑くなったら。野菜や果物が育たなくなったら……。私たちの快適な生活は、終わりを迎えてしまうことになります。**人も、動物も、植物も、地球に住むみんながずっと快適に暮らしていくためには何が必要なのか**、考えていきたいと思っています。

Aさんの将来は……？

大学院でも研究を続けます。その後は企業や研究所などに就職して、自分が学んだことを社会のために役立てていきたいです。

早稲田アカデミー大学受験部の詳細については…

お電話で	カスタマーセンター	TEL 0120-97-3737
スマホ・パソコンで	早稲田アカデミー	検索

Bさんが描く未来

「根拠に基づく正しい判断で、みんなの暮らしが良くなる社会」

Bさん
渋谷教育学園渋谷中高
➡東京大学（経済学部・4年）
大学受験部たまプラーザ校　勤務

私が学んでいるのは「経済」です！

「暑くなると○○が売れる」「寒くなると△△が売れる」といった説を聞いたことはありませんか？　でも、"○○"や"△△"が売れたのは、本当に「気温の変化」だけが要因なのでしょうか。私が学んでいるのは、こういった経済に関する理論や説が本当に正しいのかを**「データ」を使って確かめる、「実証分析」**です。具体的な研究テーマは、地方公共団体による公共経済に関する施策。自治体や地域で行われている施策が実際にどんな効果を生んだのか、ときには先生や仲間にアドバイスをもらいながら、さまざまな視点からデータを用いて検証していきます。

経済と聞くと「税金」「金融」などが思い浮かぶかもしれませんが、それだけではありません。経済は、人々の生活に必要なモノやサービスをどのように回していくか――**人と人とのつながりを考える、幅広い学問**だと考えています。**思い込みやイメージに流されるのではなく、データという根拠に基づいて判断**することで、社会はもっともっと良くなっていくと思います。

Bさんの将来は……？
来年からは社会人！　不動産や街づくりに関わる会社で、暮らす人の毎日を少しずつ良くすることに貢献していきます。

Cさんが描く未来

「これまで光が当たらなかった人にも目を向ける、みんなに開かれた世界」

Cさん
桜蔭中高
➡東京大学（文科三類・2年）
大学受験部 大学受験課　勤務

私が学んでいるのは「文学」です！

文学作品は、つくられたときから変わることがありません。しかし、**その作品が人々にどのように受け止められるかは、時代や社会の変化によって大きく変わります。**

同じ作品であっても、読み方を変えることで全く違うものが見えてくることがあります。例えば、「西洋」と「東洋」が描かれている作品を読むとき、その作品が書かれた時代の背景や歴史的な観点を合わせて考えると、発売当時とは違った問題を読み取ることができます。また、作品に登場する表現一つひとつを丁寧に読んでいくことで、新しい気付きを得ることもあります。

文学作品を研究することは、これまで「絶対にこうだ」と信じられていたものに対して、もう一度まっすぐ、**新たな目で向き合うこと**です。それは、これまで光が当たることのなかった人や弱い立場にあった人に対して目を向けることにもつながります。

文学には、たとえ長い時間がかかったとしても、**未来に向けて世界を大きく変えていく力**があると信じています。

Cさんの将来は……？
大学卒業後は学校の先生になり、国語の授業を通して、中学生・高校生に文学の持つ深みを伝えていきたいです。

個性あつまれ！
みんなのパレット
アイデア・作品大募集！

今回の募《ぼ》集《しゅう》テーマ

君はどっち派？ 好きなものは「最初」？「最後」？

「十人《じゅうにん》十《と》色《いろ》」という言葉があるように、世の中には人の数だけ「意見」や「好み」があります。みんなそれぞれ、違っていて当たり前。でも、もしも多くの人に「AかBのどちらを選ぶ？」と質問をしたら、一体どっちの意見が多いのでしょうか？

例えば、「好きなものを最初に食べるか、最後に食べるか」。試しに編集部の仲間に聞いてみたところ、なんと「最初に食べる」派と「最後に食べる」派が同人数！「最初に食べる」派の人からは「好きなものを後回しにして、お腹いっぱいになってしまったら困るから」、「最後に食べる」派の人からは「最後に食べて、幸せな気分で食事を終えたいから」といった意見が上がりました。なかには「一番おいしく味わうため、他のものを少し食べて空腹がある程度落ち着いた『真ん中』に食べる！」という人も。なるほど、世の中にはさまざまな意見があるものですね。

もっともっとたくさんの人の意見を聞いてみたい！そこで、『サクセス12』を読んでくれている小学生の皆さんにもアンケートを行います。

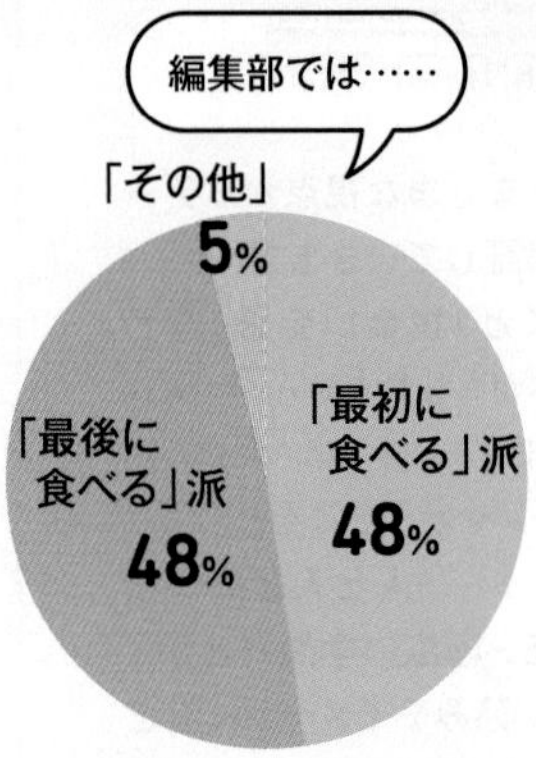

質問は、**「好きなものは最初に食べる？最後に食べる？」**です。ショートケーキの上に乗ったイチゴ、お寿司のなかで一番大好きなネタ……。「なぜそうするのか」という意見と一緒に教えてください。結果は次号で発表します。一体どっち派が多いのか……お楽しみに！

作品を送るには…

FAX送信用紙を使う場合

120ページの「FAX送信用紙」に、
① 「最初に食べる」派か「最後に食べる」派か（それ以外か）
② その理由
③ ペンネーム
を記入して、FAXもしくは郵送で送ってください。

はがきを使う場合

①～③とともに、住所・郵便番号・氏名・学年を記入してください。

FAX送信用紙・はがきの送り先・投稿〆切

左ページ「プレゼントの応募方法欄」と同じです。

こんなアイデア届きました！

9・10月号のテーマ
「変身する逆さ熟語」を探せ！

日本⇔本日（小4・kae）

光栄⇔栄光（小4・ジバンバ）

下地⇔地下（小5・みかん）

編集部より
たしかに、ひっくり返すと意味が大変身！辞書を引いて、意味を確かめてみよう！

クイズ

クロスワードを解いて、□の文字を並べ替えてみよう。どんな言葉になるかな？
答えは1枚めくったFAX送信用紙に書いて、送ってね！
（はがき・封書・二次元コードリーダーからでも構いません）

正解するとプレゼントがもらえるかも！

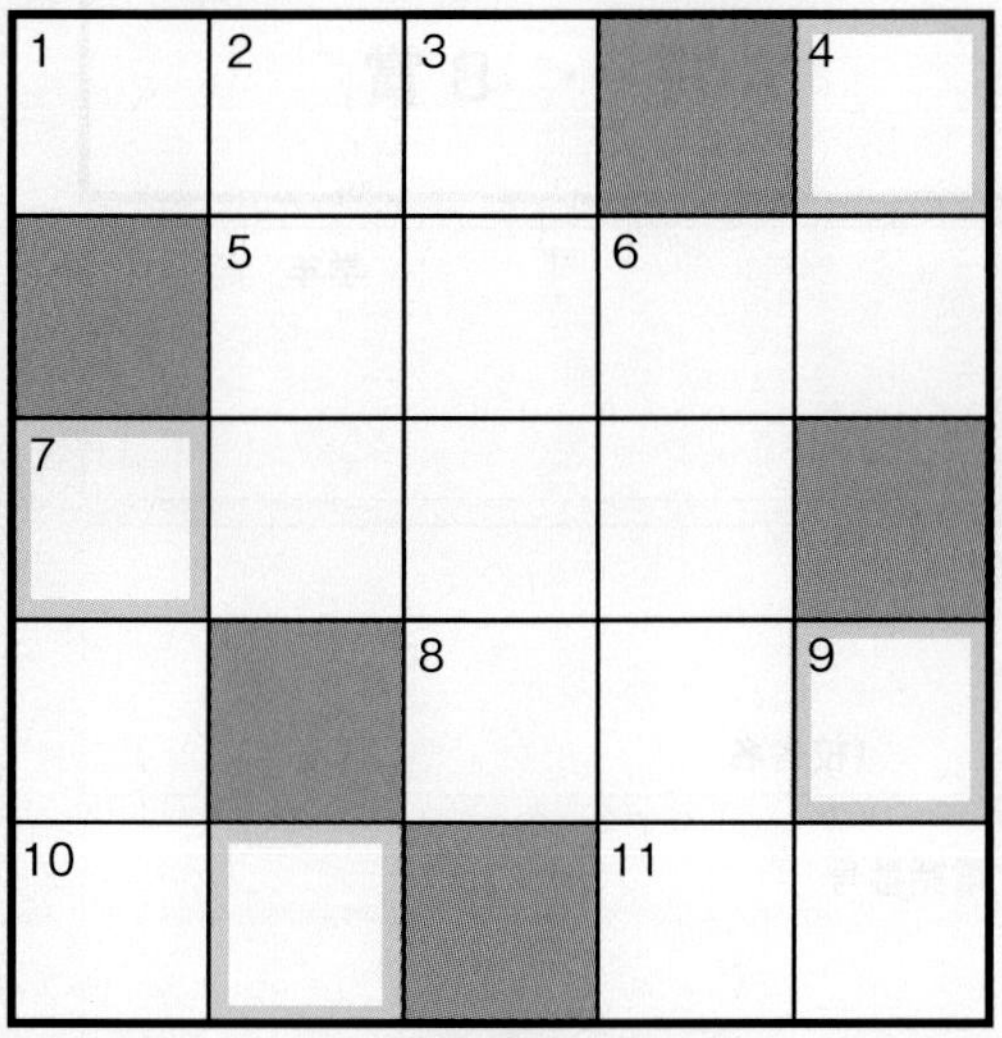

■たて

2. 水上にいかだや多くの舟を浮かべ、その上に板を渡した橋を「う〇〇〇」と呼びます。
3. 新居に〇〇〇〇をしたので、住所が変更になった。
4. 房総半島沿岸が発祥の郷土料理で、魚類と味噌、薬味などをたたいて合わせた料理は「〇〇ろう」。
6. 学問の神様「〇〇〇〇んじん」は東京都文京区にあり、菅原道真がまつられていることで知られている。
7. 雪上と氷上で競う〇〇〇オリンピックの次回開催は2026年！
9. おせち料理を紅白で彩る「〇〇ぼこ」は、魚肉のすり身を練ってつくられているよ。

■よこ

1. 過ぎていく時間のこと。充実した毎日は〇〇〇の流れを早く感じる。
5. 新年を迎えて初めて見る夢を「〇〇〇〇」という。
7. 大晦日に食べる「〇〇〇〇そば」には、長寿への願いや、厄災を断ち切ると意味が込められている。
8. 近鉄50000系の電車で、志摩に吹く風の爽やかさをイメージして名づけられた車両の名前「〇〇〇ぜ」。
10. 和歌山県全域と三重県南部の旧国名は「〇〇のくに」。
11. 「〇〇えみそ」は、昔、自家製の味噌を自慢しあったことから生まれた言葉。自分で自分をほめる、という意味。

● 9・10月号の答え／ハロウィン

編集室のつぶやき

▶一昨年の夏から始めているカブクワ飼育。現在、成虫・幼虫合わせて21頭になっています。幼虫は1頭ずつボトルに入れて育てているので、玄関の半分が占領されてしまっています。成虫で一番のお気に入りはスマトラオオヒラタクワガタ。今年も冬を越せるように温度管理に気を付けていきます。（TK）

▶「子どもに向き合う仕事をしているんだから、かっこいい大人でありたいよね」。編集長の言葉に感銘を受け自分を顧みると……思い描く「かっこいい大人」に、まだまだ全然なれてない！　小学生の皆さんに負けないように、私も日々努力します。（TH）

▶片付けをすることが苦手で、よく身のまわりが散らかってしまいます。この前、友人が泊まりに来ることになり、掃除をしようと一念発起。久しぶりにきれいな部屋と対面しました。この状態が続けばいいのですが……、今後の自分に期待です。（KS）

▶私は秋が魅せる"マジックアワー"の空が大好きです。日没後の数十分しか見られないグラデーションがかった空で、灯り始めた夜景も愛おしく感じます。気温が下がる秋の終わりはとっておきの景色を撮るのに適した季節……皆さんもぜひ素敵な一枚を!!（SK）

▶「明けの明星」「宵の明星」とはなんのこと……？　答えは金星です。夏の終わりまでは月の傍に寄り添っていたのに、先日は早朝に輝いていました。『枕草子』にも「ゆふづつ」と金星の記載があり、見つけると清少納言と同じ星を見ている！とうれしくなります。（NF）

プレゼント

クロスワード正解者のなかから
抽選で以下の賞品をプレゼント！！

A賞 リビガク
マイプランボード 勉強習慣を身につける（ソニック）　5名様

1週間のスケジュールを見える化！　裏面は無地のホワイトボードで多用途に使えます。

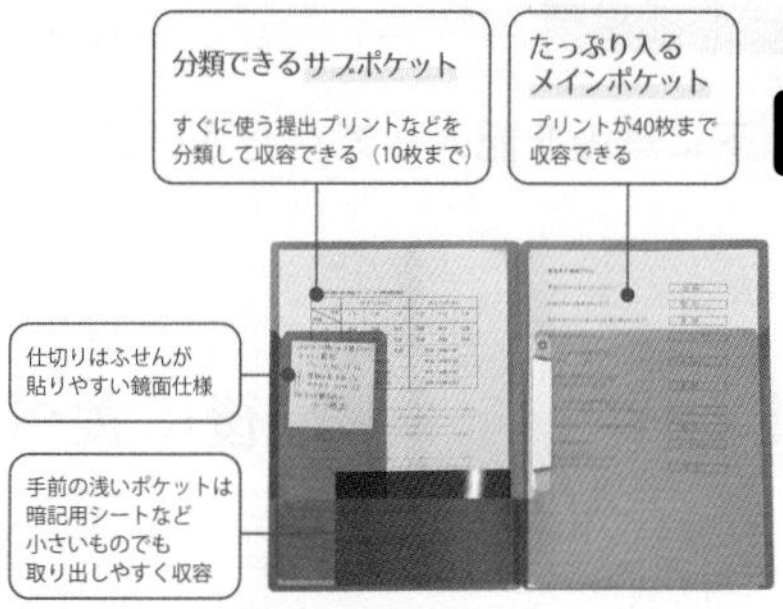

B賞 キャンパス
復習がしやすいプリントファイル（コクヨ）　12名様

とじてしまえるクリップと分類できる2つのポケットで、プリントの"保管"と"活用"を1冊に集約！
※全5色。色は選べません。

※画像はイメージです。

プレゼントの応募方法

●FAX送信用紙で
裏面にあるFAX送信用紙に必要事項をご記入のうえ、下記FAX番号にお送りください。
FAX.03-5992-5855

●二次元コードリーダーで
スマートフォンなどで右の画像を読み取り、専用の入力フォームからお送りください。

●ハガキ・封書で
クイズの答えと希望賞品、郵便番号・住所、電話番号、氏名、学年、お通いの塾・校舎をご記入いただき、下記宛先までお送りください。右ページのアイデアや『サクセス12』への感想もお待ちしています。
宛先／〒171-0022 東京都豊島区南池袋1-16-15 ダイヤゲート池袋9F
早稲田アカデミー本社コミュニケーションデザイン部　『サクセス12』編集室

【個人情報利用目的】ご記入いただいた個人情報は、プレゼントの発送およびアンケート調査の結果集計に利用させていただきます。

【応募〆切】2023年11月24日（金）（郵送の場合は同日消印有効）
当選者の発表は、プレゼントの発送をもってかえさせていただきます。

サクセス12　11・12月号　vol.105

編集長
喜多　利文

編集スタッフ
細谷　朋子
島田　果歩
小泉　彩子
古谷　七重

企画・編集・制作
株式会社 早稲田アカデミー
『サクセス12』編集室（早稲田アカデミー内）
〒171-0022 東京都豊島区南池袋1-16-15

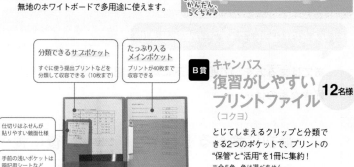

FAX送信用紙 **FAX.03-5992-5855** FAX番号をお間違えのないようお確かめください

クイズの答え	希望賞品（いずれかを選んで○をしてください）
□□□□	A賞 ・ B賞

氏名（保護者様）	氏名（お子様）	学年

現在、塾に	通っている場合
通っている ・ 通っていない	塾名 （校舎名　　　）

住所（〒　　-　　）	電話番号
	（　　　）

面白かった記事には○を、つまらなかった記事には×をそれぞれ3つずつ（　）内にご記入ください。

※封書での郵送時にもご使用ください。また、以下が空欄でも、クイズの答えがあればプレゼントには応募できます。

「みんなのパレット」アイデア・作品大募集!!

あてはまる方を○で囲み、下に理由を記入してください。
好きなものは……

最初に食べる！（理由）　VS　最後に食べる！（理由）

「最初でも最後でもない！」という人は、「いつ食べるのか」とその理由を書いてください。

ペンネーム（　　　）

サクセス12の感想

中学受験　サクセス12　11・12月号2023
発行／2023年10月31日 初版第一刷発行
発行所／(株)グローバル教育出版 〒101-0047 東京都千代田区内神田2-4-2　一広グローバルビル3F
編集／サクセス編集室 電話03-5939-7928

【個人情報利用目的】ご記入いただいた個人情報は、プレゼントの発送およびアンケート調査の結果集計に利用させていただきます。